procedimentos de conciliação e de mediação

procedimentos de conciliação e de mediação

Thiago Linguanotto Silveira

Rua Clara Vendramin, 58
Mossunguê . CEP 81200-170
Curitiba . PR . Brasil
Fone: (41) 2106-4170
www.intersaberes.com
editora@intersaberes.com

- Conselho editorial
  Dr. Alexandre Coutinho Pagliarini
  Dr.ª Elena Godoy
  Dr. Neri dos Santos
  M.ª Maria Lúcia Prado Sabatella

- Editora-chefe
  Lindsay Azambuja

- Gerente editorial
  Ariadne Nunes Wenger

- Assistente editorial
  Daniela Viroli Pereira Pinto

- Preparação de originais
  Fabrícia E. de Souza

- Edição de texto
  Palavra do Editor

- Projeto gráfico
  Raphael Bernadelli

- Capa
  Sílvio Gabriel Spannenberg (*design*)
  worradirek/Shutterstock (imagem)

- Diagramação
  Querido Design

- *Designer* responsável
  Sílvio Gabriel Spannenberg

- Iconografia
  Regina Claudia Cruz Prestes
  Sandra Lopis da Silveira

Dados Internacionais de Catalogação na Publicação (CIP)
(Câmara Brasileira do Livro, SP, Brasil)

Silveira, Thiago Linguanotto
 Procedimentos de conciliação e de mediação / Thiago Linguanotto Silveira. -- Curitiba, PR : Editora InterSaberes, 2023.

 Bibliografia.
 ISBN 978-85-227-0575-7

 1. Conflitos – Resolução 2. Mediação 3. Mediação e conciliação 4. Solução de conflitos I. Título.

23-158009   CDU-347.918 (81)

Índices para catálogo sistemático:
1. Brasil : Resolução de conflitos : Direito   347.918 (81)

Eliane de Freitas Leite – Bibliotecária – CRB 8/8415

1ª edição, 2023.
Foi feito o depósito legal.
Informamos que é de inteira responsabilidade do autor a emissão de conceitos.
Nenhuma parte desta publicação poderá ser reproduzida por qualquer meio ou forma sem a prévia autorização da Editora InterSaberes.
A violação dos direitos autorais é crime estabelecido na Lei n. 9.610/1998 e punido pelo art. 184 do Código Penal.

apresentação 11

como aproveitar ao máximo este livro 15

Capítulo 1 **Conciliação e mediação: gênero, terminologia, definição legal e um diagnóstico do Judiciário brasileiro - 19**

1.1 Conciliação, mediação e linguagem - 20
1.2 Diferença entre *gênero* e *espécie* na conciliação e na mediação - 22
1.3 Interdisciplinaridade - 32
1.4 Definição legal da mediação e da conciliação - 34
1.5 Um raio-X do Judiciário brasileiro - 37

sumário

Capítulo 2 **Jurisdição multiportas e o microssistema legal da mediação - 49**

2.1 Jurisdição multiportas e o princípio do acesso à Justiça - 51
2.2 Microssistema legal da mediação: base constitucional - 54
2.3 Microssistema legal da mediação: Código de Defesa do Consumidor (CDC) - 56
2.4 Microssistema legal da mediação: Lei dos Juizados Especiais - 57
2.5 Microssistema legal da mediação: Resolução CNJ n. 125/2010 - 59
2.6 Microssistema legal da mediação: Lei da Mediação - 62
2.7 Microssistema legal da mediação: Código de Processo Civil (CPC) - 65

Capítulo 3 **Cultura da pacificação, elementos práticos de negociação e atores da mediação - 79**

3.1 Cultura da pacificação - 80
3.2 Fundamentos da negociação: o livro *Como chegar ao sim* - 81
3.3 Melhor alternativa à negociação de um acordo (Maana) - 87
3.4 Atores da conciliação e da mediação - 88
3.5 Competências do facilitador - 92

Capítulo 4 **Princípios norteadores do conciliador e do mediador - 103**

4.1 Princípios formadores da mediação e da conciliação e da atuação do conciliador e do mediador - 104
4.2 Princípio da confidencialidade - 106
4.3 Princípio da imparcialidade - 111
4.4 Princípios da independência, da autonomia, da competência, da oralidade e da informalidade - 114
4.5 Demais princípios da mediação - 116

Capítulo 5 **Procedimentos da conciliação e da mediação: da preparação à realização das sessões individuais - 123**

5.1 Procedimentos comuns à conciliação e à mediação - 124
5.2 Preparação para a sessão de conciliação ou de mediação - 127
5.3 Declaração de abertura - 131
5.4 Relato das partes (reunião de informações) - 138
5.5 Resumo de questões, interesses e posições - 139
5.6 Reuniões privadas ou individuais facultativas (*caucus*) - 140

Capítulo 6 **Procedimentos da conciliação e da mediação: das sessões individuais até a redação da ata - 151**

6.1 Esclarecimento de controvérsias e interesses - 152
6.2 Resolução de questões - 156
6.3 Registro das soluções encontradas e encerramento da sessão - 157
6.4 Outros tipos de conciliação e de mediação - 160
6.5 Mediação e contratos - 162

considerações finais 171

consultando a legislação 173

anexo 175

referências 201

respostas 205

sobre o autor 207

A Daniela Viroli Pereira Pinto, Daniele Assad, Manon Garcia e Rafael Pereira, pela amizade, companheirismo, paciência e, sobretudo, oportunidade de ter contato com esta grande família que é a Uninter.

Aos professores Elton Venturi e Thaís Goveia Pascoaloto Venturi, por terem me apresentado o gosto pelos meios extrajudiciais de solução de conflitos desde a primeira oportunidade.

Aos meus pais.

Sempre a Deus.

A presente obra se destina ao leitor que necessita se aprofundar ou esteja dando os primeiros passos no amplo campo de estudo relacionado aos meios extrajudiciais de solução de conflitos, no qual se situam a conciliação e a mediação.

Desde a entrada em vigor da Lei da Mediação, a necessidade de se aperfeiçoar nessa área se tornou uma obrigação para aqueles que operam o direito, e esse fato despertou o interesse de profissionais de outras áreas, que colaboram direta ou indiretamente para esse universo de estudos.

Mais do que isso, praticar e difundir tais meios de solução de controvérsias se mostra fundamental para alcançar os objetivos mais imediatos (isto é, resolver o mérito do conflito que é objeto de conciliação ou mediação) ou remotos (ampliar a garantia de acesso à Justiça e promover a pacificação social).

Dessa forma, a vida em uma sociedade plena e harmoniosa dentro do possível é o fim último a que se destinam a conciliação e a mediação, que, de fato, podem contribuir, e muito, para atingir esse propósito.

Longe de pretender exaurir uma temática tão ampla e complexa, estaremos satisfeitos se conseguirmos fazer, nestas poucas páginas, uma apresentação panorâmica e adequada dos

apresentação

principais temas que gravitam em torno da teoria, da prática e dos procedimentos dessas duas formas complementares de se obter o acesso à Justiça por meio da jurisdição multiportas e de se promover a tão almejada pacificação social.

O leitor verá, no início, um esforço prudente em traçar alguns marcos conceituais importantes que, ao final, vão favorecer um estudo mais prático e procedimental do tema.

No primeiro capítulo, vamos diferenciar o gênero, as terminologias e a definição legal da conciliação e da mediação. Adicionalmente, analisaremos, por meio de dados objetivos e estatísticos, o perfil mais recente do Poder Judiciário brasileiro e a gestão de processos e recursos humanos.

O segundo capítulo será dedicado ao conceito de jurisdição multiportas, marco com datação precisa no tempo – a partir dos anos 1970 – e fundamental para compreendermos a conciliação, a mediação e a própria arbitragem como alternativas para a jurisdição estatal. Por meio de um recuo histórico e jurídico, vamos percorrer a tramitação legislativa que culminou no chamado *microssistema legal da mediação*. Esse microssistema é composto por três pilares, a saber: a Resolução n. 125/2010 do Conselho Nacional de Justiça (CNJ); a Lei da Mediação (2015); e o Código de Processo Civil (CPC), sancionado em 2015 e em vigor desde 2016. A interpretação desse microssistema é integrativa, e a aplicação, complementar.

No terceiro capítulo, abordaremos a cultura da pacificação, oposta à cultura da sentença. A primeira permite observar a conciliação e a mediação como formas contributivas não só para desafogar as serventias judiciais, mas também para dar um tratamento adequado aos diferentes conflitos, que, a depender de suas particularidades, podem ser solucionados de maneira efetiva pela conciliação ou pela mediação.

O quarto capítulo apresentará os princípios norteadores da conciliação e da mediação, destacando os pontos de contato e os pontos de afastamento entre uma e outra. Daremos especial importância à figura do facilitador, que abarca tanto o conciliador quanto o mediador, propondo formas de observar as partes e de melhor conduzir o procedimento.

Nos capítulos quinto e sexto, serão descritos os procedimentos de conciliação e de mediação, percorrendo-se todo o trajeto desse processo, que se inicia com os preparativos para a acolhida das partes e a declaração de abertura e se encerra com a redação da ata que formaliza o acordo ou, ao menos, a tentativa de se chegar a ele.

Ao final do livro, o leitor perceberá que a prática da conciliação e da mediação depende, em grande medida, de um repertório teórico adequado, que não se esgota em si mesmo.

A interdisciplinaridade do tema e a riqueza que existe em suas múltiplas frentes são, antes de tudo, um convite para expandir os horizontes de conhecimento, seja por meio dos conceitos, livros e autores que buscaremos apresentar, seja pela prática cotidiana com vistas ao desenvolvimento de uma observação arguta, de um tato apurado ao lidar com os problemas que acometem as pessoas e de uma boa dose de empatia.

Boa leitura!

Este livro traz alguns recursos que visam enriquecer seu aprendizado, facilitar a compreensão dos conteúdos e tornar a leitura mais dinâmica. São ferramentas projetadas de acordo com a natureza dos temas que vamos examinar. Veja a seguir como esses recursos se encontram distribuídos no decorrer desta obra.

Conteúdos do capítulo:
Logo na abertura do capítulo, relacionamos os conteúdos que nele serão abordados.

Após o estudo deste capítulo, você será capaz de:
Antes de iniciarmos nossa abordagem, listamos as habilidades trabalhadas no capítulo e os conhecimentos que você assimilará no decorrer do texto.

como aproveitar ao máximo este livro

Para saber mais

Sugerimos a leitura de diferentes conteúdos digitais e impressos para que você aprofunde sua aprendizagem e siga buscando conhecimento.

Síntese

Você dispõe, ao final do capítulo, de uma síntese que traz os principais conceitos nele abordados.

Questões para revisão

Ao realizar estas atividades, você poderá rever os principais conceitos analisados. Ao final do livro, disponibilizamos as respostas às questões para a verificação de sua aprendizagem.

QUESTÃO PARA REFLEXÃO

1) O trecho a seguir foi escrito em 1850 por Abraham Lincoln (1809-1865), quando ainda atuava como advogado, alguns anos antes de ser eleito para a presidência dos Estados Unidos. O texto faz parte de um conjunto de anotações chamadas *Notas para a prática jurídica* e pode ser assim traduzido:

> Desencoraje os litígios. Convença as pessoas a entrar em acordo sempre que puder. Saliente que o vencedor nominal é, geralmente, o real perdedor – em custas, despesas e tempo. Como pacificador, o advogado tem a oportunidade suprema de ser um homem bom. E, ainda assim, haverá trabalho suficiente. (Lincoln, 2008, p. 245-246, tradução nossa)

Você acha que esse texto é atual ou está datado no tempo? Essa "oportunidade suprema" seria de exclusividade de advogados ou de qualquer pessoa interessada na conciliação e na mediação?

Questões para reflexão

Ao propormos estas questões, pretendemos estimular sua reflexão crítica sobre temas que ampliam a discussão dos conteúdos tratados no capítulo, contemplando ideias e experiências que podem ser compartilhadas com seus pares.

Consultando a legislação

Listamos e comentamos nesta seção os documentos legais que fundamentam a área de conhecimento, o campo profissional ou os temas tratados no livro para você consultar a legislação e se atualizar.

BRASIL. Lei n. 13.105, de 16 de março de 2015. **Diário Oficial da União**, Poder Legislativo, Brasília, DF, 17 mar. 2015. Disponível em: <http://www.planalto.gov.br/ccivil_03/Ato2015-2018/2015/Lei/L13105.htm>. Acesso em: 12 abr. 2023.

O Código de Processo Civil, sancionado em 2015 e em vigor desde 2016, é o diploma legal mais recente a incorporar a conciliação e a mediação no âmbito do Poder Judiciário. Deve ser lido em interpretação integrativa com a Lei da Mediação e a Resolução CNJ n. 125/2010.

BRASIL. Lei n. 13.140, de 26 de junho de 2015. **Diário Oficial da União**, Poder Legislativo, Brasília, DF, 29 jun. 2015. Disponível em: <http://www.planalto.gov.br/CCIVIL_03/Ato2015-2018/2015/Lei/L13140.htm>. Acesso em: 12 abr. 2023.

Com vistas a dar um revestimento legal à Resolução CNJ n. 125/2010, a Lei da Mediação foi sancionada em 2015 e

I

Conciliação e mediação: gênero, terminologia, definição legal e um diagnóstico do Judiciário brasileiro

CONTEÚDOS DO CAPÍTULO:

» Terminologia aplicada aos meios extrajudiciais de solução de conflitos (Mescs), com destaque para usos e tendências verificadas na legislação e na doutrina.
» Relação entre o estudo dos Mescs, entre os quais estão a conciliação e a mediação, e outras áreas de conhecimento.
» Definição legal da conciliação e da mediação, prevista no art. 1º, parágrafo único, da Lei n. 13.140, de 26 de junho de 2015.
» Diagnóstico do Poder Judiciário brasileiro e algumas tendências relacionadas à aplicação da conciliação e da mediação nos meios judiciais.

Após o estudo deste capítulo, você será capaz de:

1. identificar as terminologias mais recorrentes relacionadas ao gênero Mescs;
2. compreender que a amplitude terminológica deriva mais da falta de consenso na legislação e na doutrina do que efetivamente de alguma distinção conceitual;
3. analisar a conciliação e a mediação como técnicas que buscam a consensualidade para solucionar um conflito;
4. estabelecer uma ponte com outras áreas do conhecimento que contribuem para a boa aplicação teórica e prática;
5. apresentar as tendências atuais e preliminares referentes à estrutura, à função e à aplicação da conciliação e da mediação no Poder Judiciário brasileiro.

1.1 Conciliação, mediação e linguagem

George Orwell (1903-1950) foi um escritor e jornalista britânico mais conhecido por obras como *1984* e *A revolução dos bichos*. Na obra dele também constam textos de não ficção, incluindo alguns escritos sobre linguagem.

Vista como um todo, a produção de Orwell continua atual e ainda nos oferece muitos elementos para reflexão. Vamos nos apoiar em parte desses elementos para chegar a uma definição possível para a mediação e a conciliação.

Em abril de 1946, Orwell publicou um ensaio chamado *Politics and the English Language* (*A política e a língua inglesa*, em tradução livre), que alertava o público para um possível empobrecimento do idioma falado e escrito, ocasionado pelo uso excessivo de expressões vagas ou pouco precisas.

O diagnóstico, preciso, apontava para o fato de que "a prosa consiste cada vez menos de **palavras** escolhidas em função dos respectivos significados e cada vez mais de **frases** fixadas umas às outras como se fossem partes de um galinheiro pré-fabricado" (Orwell, 1946, grifo do original, tradução nossa).

A utilização difusa e exaustiva de frases ou expressões sem um significado claro e definido já integra nosso cotidiano há algumas décadas. É comum lermos e ouvirmos defesas apaixonadas de conceitos cuja definição pode variar de acordo com o interlocutor e a visão que cada um tem de mundo.

A noção de democracia, a título de exemplo, adquire nuances diferentes conforme o tempo (afinal, a democracia originada na Grécia difere daquela vista nos regimes democráticos atualmente) ou o espaço (a democracia nos países de tradição capitalista não é a mesma que se defende em países de matiz comunista, por exemplo).

Mas não pretendemos trabalhar com definições de sistemas políticos neste livro. O ponto a que desejamos chegar é que, valendo-nos de um conceito amplo como *democracia*, podemos estabelecer definições e interpretações diferentes de acordo com o interlocutor.

É a isso que se refere a frase montada a partir de peças de um galinheiro pré-moldado mencionada por Orwell.

Os termos *mediação* e *conciliação*, muitas vezes, são utilizados como sinônimos e sem uma definição própria. Podemos notar não só alguma confusão quanto às diferenças entre um termo e outro como também um esvaziamento de sentido ou significado.

No geral, podemos dizer que *conciliação* e *mediação* têm uma conotação positiva. Se alguém diz que mediou ou conciliou algo em seu ambiente de trabalho ou em algum relacionamento interpessoal, o que subentendemos é que havia um conflito e que este foi apaziguado.

De fato, a pacificação é um dos nortes para os quais a conciliação e a mediação apontam, mas estas não podem ser resumidas a isso. A conotação ampla de um conceito com valor positivo precisa de mais aprofundamento.

> Por se tratar de técnicas relevantes e capazes de trazer uma contribuição real e efetiva para a sociedade, não é desejável que os termos *conciliação* e *mediação* sejam banalizados ou percam o sentido original que se deu a eles.

Portanto, antes de abordarmos o tema objeto deste livro, que é o rol procedimental da conciliação e da mediação e as boas práticas de uma e de outra, é importante traçarmos um panorama conceitual e teórico dos procedimentos e da prática.

Ao final, acreditamos que você, leitor, terá um repertório mínimo e satisfatório para aplicar essas duas técnicas de maneira efetiva em seu ambiente de trabalho, nas relações interpessoais e, nos casos relativos à esfera judicial, na participação em sessões de mediação e conciliação de forma harmonizada com o microssistema legal da mediação.

1.2 Diferença entre *gênero* e *espécie* na conciliação e na mediação

A mediação e a conciliação, apesar de guardarem suas particularidades na teoria, nos usos e nas aplicações, são conceitos amplamente difundidos na sociedade e, de forma mais recente, no mundo jurídico, notadamente após a entrada em vigor da chamada *Lei da Mediação* (Brasil, 2015b).

A própria existência de uma lei voltada para regulamentar a conciliação e a mediação já aponta para a chave interpretativa que se adotará nas próximas linhas e ao longo deste livro.

Devemos ressaltar que a mediação e a conciliação aqui abordadas são aquelas previstas na Lei n. 13.140, de 26 de junho de 2015: a mediação ou conciliação **judicial** – feita incidentalmente no curso de um processo judicial – e a mediação ou conciliação **extrajudicial** – feita de forma apartada ou alheia a um processo judicial. Veremos essas distinções com mais detalhes posteriormente.

Neste momento, o que nos importa abordar é o fato de que a conciliação e a mediação – assim como a negociação e a transação – são espécies integrantes de um **único gênero**.

Se a diferença entre *gênero* e *espécie* não estiver clara para você, vale a pena conferir: "A expressão 'gênero', em sua perspectiva gramatical, significa classe ou categoria que se divide em outras classes, categorias ou espécies que apresentam caracteres comuns convencionalmente estabelecidos" (Pimentel, 2017).

O gênero do qual a conciliação e a mediação fazem parte, por sua vez, não tem uma terminologia universal nem unificada, mas é revestido de uma característica que lhe é peculiar: a busca pela **consensualidade** por meio de um acordo que ponha fim a uma **controvérsia**.

Essa consensualidade pode ser alcançada diretamente pelas partes – tal como visto no caso da negociação em sentido mais amplo ou, mais restritivamente, na transação mediante concessões mútuas, prevista no art. 840 do Código Civil – ou com o auxílio de um terceiro imparcial sem poder decisório, a quem por ora podemos chamar de *conciliador* ou *mediador*, conforme o caso.

Todavia, devemos explorar as diferentes formas e terminologias pelas quais a doutrina e a legislação se referem ao gênero do qual a mediação e a conciliação são espécies.

Devemos, ainda, notar que não há um consenso nem na legislação relacionada à mediação nem no amplo campo de estudos dedicado a ela quanto à terminologia a ser adotada. Há algumas que prevalecem – por uso, costume ou hábito – em relação a outras, mas, de modo geral, todas as nomenclaturas são aceitas e até intercambiáveis, como veremos a seguir.

1.2.1 Mecanismo, método, meio, resolução: técnicas

O gênero ora chamado de **meios extrajudiciais de solução de conflitos (Mescs)** – do qual a conciliação e a mediação fazem parte – recebe diversos nomes, e a maioria deles gravita em torno de conceitos como *mecanismo, método, meio* e *resolução*.

Esses conceitos, que aqui agruparemos na categoria **técnica**, costumam vir adjetivados ou **qualificados** como *adequados, alternativos, autocompositivos, consensuais* ou *extrajudiciais*.

Todos eles, de alguma forma, estão relacionados a um **objetivo**, que gravita em torno da resolução, solução ou pacificação de um **objeto**, que pode ser um conflito, uma controvérsia, uma disputa ou ainda um litígio.

O quadro a seguir sintetiza as diversas formas de nos referirmos a esses conceitos.

Quadro 1.1 – Diferentes terminologias aplicadas à conciliação e à mediação

Técnica	Qualificação	Objetivo	Objeto
Mecanismo Método Meio	Adequado Autocompositivo Consensual Extrajudicial	Resolução Solução	Conflito Controvérsia Disputa Litígio

Vamos explorar cada uma dessas terminologias para fins didáticos, atendo-nos primeiramente à definição dada em dicionário para cada uma delas; ao final, buscaremos esclarecer em que aspecto cada uma delas tem a contribuir com o estudo do objeto deste livro.

Comecemos pelos três primeiros conceitos relacionados à noção de *técnica*:

» **Mecanismo**: "Combinação de órgãos ou peças dispostas de forma a se obter um determinado resultado" (Mecanismo, 2023).
» **Método**: "Processo racional para chegar ao conhecimento ou demonstração da verdade" (Método, 2023).
» **Meio**: "Intervenção, auxílio"; "O que estabelece comunicação" (Meio, 2023).

A definição de **mecanismo** dialoga com a teleologia da conciliação e da mediação, vale dizer, o norte, a finalidade ou a direção para a qual a conciliação e a mediação apontam, por meio de uma combinação de órgãos e peças dispostas com vistas à obtenção de determinado resultado.

No campo da mediação, em sentido mais amplo, órgãos e peças podem ser representados de diversas formas.

Como **órgãos**, temos o poder público nas figuras do Legislativo, que aprovou a Lei da Mediação e a legislação aplicável ao tema, e do Judiciário, que adotou o incentivo aos meios consensuais de resolução de litígios como política pública mediante a Resolução do Conselho Nacional de Justiça (CNJ) n. 125, de 29 de novembro de 2010, a qual será amplamente analisada ao longo desta obra.

As **peças** do mecanismo, no caso, são os responsáveis pela gestão dessa política pública, que inclui não apenas as partes e os conciliadores ou mediadores, mas também aqueles que lhes dão suporte e formação, como veremos no tópico dedicado à capacitação de mediadores e conciliadores.

A aplicação da terminologia *mecanismo* se apresenta, na legislação e na doutrina, por meio de expressões como *mecanismos de solução de conflitos*, *mecanismos consensuais de solução de litígios* ou *mecanismos de soluções de controvérsias*. Estas podem ser encontradas principalmente no texto da Resolução CNJ n. 125/2010, que estabeleceu a **política pública de tratamento adequado dos problemas jurídicos e dos conflitos de interesses** (CNJ, 2010).

Quanto ao termo **método**, a definição de dicionário também aponta para uma teleologia ou finalidade, na medida em que requer um processo racional com vistas a atingir determinado fim.

Os processos (ou procedimentos) da conciliação e da mediação se aproximam em muitos aspectos, tanto na esfera judicial (com uma ação já em curso) quanto na esfera pré-processual (antes do ajuizamento da ação) ou na esfera extrajudicial (fora dos autos). Uma vez seguidas as etapas, como veremos nos próximos tópicos, maiores serão as chances de se atingir o resultado que, em todos os casos, está na autocomposição (ou acordo).

Vemos referências a *método* no texto da resolução citada, que caracteriza a conciliação e a mediação como métodos consensuais de solução de conflitos (CNJ, 2010).

O Código de Processo Civil (CPC) em vigor, de 2015, refere-se à conciliação e à mediação da mesma forma e indica que tais métodos devem ser estimulados por juízes, advogados, defensores públicos e membros do Ministério Público, inclusive no curso do processo judicial, nos termos de seu art. 3º, parágrafo 3º (Brasil, 2015a).

O terceiro conceito – **meio** – pode ser exemplificado pela figura de uma ponte, isto é, um modo de se atravessar um obstáculo valendo-se de técnicas que permitam sair de um ponto e chegar a outro.

O meio da conciliação e da mediação é a intervenção, o auxílio ou a atuação do conciliador e do mediador capaz não só de estabelecer (ou restabelecer) uma comunicação, mas também de encontrar um ponto em comum, equidistante entre as posições e interesses das partes.

Na mesma resolução do CNJ consta a expressão *meios consensuais* (art. 1º, parágrafo único) para se fazer referência à conciliação e à mediação (CNJ, 2010).

A Lei da Mediação (Lei n. 13.140/2015) também caracteriza a mediação como "meio de solução de controvérsias entre particulares e sobre a autocomposição de conflitos no âmbito da administração pública" (Brasil, 2015b).

Como exemplos extraídos da doutrina, citamos o professor e autor Luiz Fernando de Vale de Almeida Guilherme, que, em seu excelente manual, prefere a denominação *meios extrajudiciais de solução de conflitos* (Mescs) (Guilherme, 2016).

Na doutrina estrangeira, vemos que Dulce Lopes e Afonso Patrão, ambos professores na Universidade de Coimbra e autores do também excelente livro *Lei da mediação comentada* (Lei portuguesa n. 29, de 19 de abril de 2013), utilizam a terminologia *meios extrajudiciais de resolução de conflitos* (Lopes; Patrão, 2014).

Lopes e Patrão (2014) discorrem largamente sobre as diferentes denominações dadas ao gênero do qual a conciliação e a mediação fazem parte, ressalvando uma possível inadequação quanto ao adjetivo *alternativos* atribuído aos meios de resolução de conflitos. Isso porque, em síntese, essa qualificação estaria semanticamente carregada e apontaria para um rebaixamento desses meios se comparados aos meios principais, como a adjudicação ou a arbitragem.

Tal terminologia, aliás, surgiu como tradução direta de *alternative dispute resolution* (ADR), ou *resolução alternativa de disputas* (RAD), em tradução livre. Parte da doutrina utiliza uma tradução menos direta: *resolução alternativa de litígios* (RAL) (Lopes; Patrão, 2014). Ambas as denominações estão inseridas em um contexto que remonta à origem do movimento global pela difusão do conceito de jurisdição multiportas, que se iniciou nos Estados Unidos nos anos 1970. Vamos contextualizar essa origem em momento oportuno.

1.2.2 Mecanismos, métodos ou meios adequados, autocompositivos, consensuais ou extrajudiciais: qualificação

Os mecanismos, métodos ou meios, vistos como técnicas, são por vezes adjetivados ou qualificados como *adequados*, *autocompositivos*, *consensuais* ou *extrajudiciais*. Vejamos cada uma dessas qualidades.

Por **técnica adequada** podemos subentender a existência de uma adequação do método à natureza do conflito. Vale dizer que, se um caso pode ser resolvido por conciliação ou mediação entre as partes, a aplicação dessa técnica autocompositiva seria mais adequada do que a tentativa de se resolver o caso de outra forma, como a heterocompositiva.

Não há uma regra de ouro ou um regramento fixo e universal para se determinar a adequação de uma técnica, na medida em que isso é avaliado mediante a análise caso a caso.

Podemos falar também em tendências: conflitos oriundos do direito de família, como divórcio e fixação de regime de guarda e visitação de filhos, são geralmente mais propensos à aplicação dessas técnicas adequadas.

Mas não podemos pressupor – nem muito menos forçar ou condicionar – a resolução do mérito por meio de um acordo. Em resumo, a análise do caso em suas peculiaridades é que indicará se o meio mais adequado para se chegar a uma resolução será o consensual ou o litigioso.

> Quanto ao adjetivo *autocompositivo*, a compreensão se dá de modo oposto a outra forma de se resolver o conflito, que é a heterocompositiva.

A **técnica autocompositiva** é aquela em que as partes, com o auxílio de um terceiro imparcial, chegam por esforços próprios e comuns a um acordo que seja capaz de dirimir o conflito existente entre elas. Você provavelmente já leu e ouviu – ou lerá e ouvirá – que as partes "se autocompuseram" ou "chegaram à autocomposição". Caso nunca tenha visto esses termos antes, não se assuste: o verbo *autocompor-se* é sinônimo de *acordar* (no sentido de "atingir um acordo"), e o substantivo *autocomposição* nada mais é que o resultado da negociação. Em outras palavras, é também sinônimo de *acordo*.

A **heterocomposição**, por sua vez, é a forma de se resolver um conflito por meio da decisão de uma terceira parte, a qual, apesar de também ser imparcial, é revestida de poder decisório.

Para facilitar o entendimento: esse terceiro imparcial com poder decisório pode ser entendido de duas formas e resumido em dois cargos institucionais: o **magistrado** (no curso de um processo judicial) e o **árbitro** (no curso de um processo arbitral).

O juiz togado e o árbitro, portanto, decidem o caso independentemente da existência de um acordo entre as partes, e a decisão que emanar dos respectivos julgamentos vincula as partes.

> O **conciliador** e o **mediador**, ao contrário do magistrado e do árbitro, são terceiros imparciais **sem poder decisório**. Isso quer dizer que eles não podem (nem devem) impor qualquer decisão às partes. A função de cada um deles é a de facilitar a autocomposição (ou acordo) que possa surgir do restabelecimento do diálogo e dos esforços comuns entre todas as partes envolvidas.

Quanto aos adjetivos *consensuais* ou *extrajudiciais* aplicados a essas técnicas, podemos dizer que a **consensualidade** deriva da natureza das técnicas, já que *consensual* se opõe a *litigioso*.

São também **extrajudiciais** em dois sentidos distintos, às vezes complementares, mas que não se confundem.

Isso porque *extrajudicial* pode ser entendido **tanto** como técnica aplicada sem a existência prévia ou incidental de um processo judicial (um acordo verbal entre vizinhos com relação ao barulho em determinados horários, por exemplo) **quanto** como técnicas extrajudiciais em sua origem, mas aplicadas no curso de um processo judicial com o incentivo e a chancela do Poder Judiciário. É o caso da mediação e da conciliação judiciais, previstas como etapa obrigatória desde a entrada em vigor do CPC/2015.

1.2.3 Solução ou resolução de conflito, controvérsia, disputa ou litígio: objetivos e objetos

A autocomposição, adequação, consensualidade ou extrajudicialidade das técnicas ora analisadas convergem para o **objetivo** de dirimir ou resolver um **objeto**, que pode ser definido como *conflito, controvérsia, disputa* ou mesmo *litígio*.

Não há muitos comentários quanto à intercambialidade desses termos, vistos como praticamente sinônimos, porém devemos fazer brevemente um aparte para considerar aquilo a que a doutrina costuma chamar de *teoria do conflito*.

Apesar da dificuldade de se dar uma definição concisa e correta para essa teoria, vamos nos valer da lição colhida da obra do professor Luis Alberto Warat: **conflito** é o "conjunto de condições psicológicas, culturais e sociais que determinam um choque de atitudes e interesses no relacionamento das pessoas envolvidas" (Warat, 2001, p. 80).

Isso quer dizer, em outros termos, que, sempre que entre duas ou mais pessoas houver interesses e atitudes que não estejam em harmonia, poderá existir um conflito. Esse conflito, é importante frisarmos este ponto, tem natureza e origens distintas: podem ser emocionais, sociais, políticas, ideológicas, familiares, profissionais, afetivas e até físicas, em casos mais graves.

Para nosso objeto de estudo, importa tratar dos conflitos de natureza jurídica, isto é, aqueles que têm alguma repercussão no mundo jurídico e que, uma vez mediados, produzem resultado também jurídico, por meio de um acordo que vincula todas as partes envolvidas.

Falar de conciliação e mediação implica falar de conflitos inerentes à convivência interpessoal e à sociedade, mas também diz respeito à prevenção de litígios e à pacificação social, objetivo último da aplicação dessas técnicas.

1.2.4 Conclusões: diferentes terminologias para uma finalidade única

Em resumo, toda a terminologia aplicável ao campo da conciliação e da mediação aponta para um só fim: dar uma solução justa, adequada e efetiva a um problema, com repercussão na esfera jurídica das partes, por meio da aplicação de técnicas adequadas e complementares à jurisdição estatal e capazes de ajudar a chegar a um consenso justo, adequado e efetivo.

Antes de ser um problema terminológico, examinar as várias formas de se fazer referência à mediação e à conciliação como espécies de um mesmo gênero colabora para afastar a dúvida inicial sobre uma possível distinção conceitual entre elas.

> Em maior ou menor grau, você verá ao longo deste livro, da legislação e da doutrina dedicada ao tema da mediação várias formas de se fazer referência a esse gênero. Algumas terminologias são intercambiáveis, e seu uso indiscriminado se explica muitas vezes pela necessidade de evitar repetições. Outras são datadas no tempo, mas ainda assim válidas.

No mais, o que importa para o momento é compreender que você se deparará com vários termos que, a princípio, parecem diferentes, mas que, na prática, estão apenas se referindo ao gênero do qual a conciliação e a mediação fazem parte.

1.3 Interdisciplinaridade

O estudo da mediação e da conciliação pressupõe a existência de um universo particular que está contido no campo do direito, mas que também o transborda.

Vimos, ainda que de forma breve, a teoria do conflito, que tem raízes filosóficas (remontam ao conceito do homem como animal gregário e político de Aristóteles) e está fortemente calcada na psicologia, principalmente no campo dos relacionamentos interpessoais.

Um bom conciliador e mediador é aquele que aplica corretamente as orientações do ordenamento jurídico para conduzir a autocomposição entre as partes e que, dialogando com outras áreas do conhecimento, busca aprender e compreender melhor o porquê da existência do conflito e o melhor modo de abordá-lo para que as pessoas firmem acordos e, em última instância, pacifiquem seus relacionamentos.

A mediação e a conciliação dialogam muito bem com a análise econômica do direito, principalmente quando se compreende que um acordo justo, adequado e efetivo representa uma redução de tempo de litigância e de custos pessoais e emocionais.

Não por acaso, o Poder Judiciário, desde a Resolução CNJ n. 125/2010, incentiva a difusão da conciliação e da mediação, as quais foram elevadas à categoria de etapa obrigatória desde a entrada em vigor do CPC/2015.

Não podemos nos esquecer de que áreas do conhecimento como a negociação baseiam fortemente a conciliação e a mediação, com a ressalva de que a negociação, no caso, não se presta a vender melhor ou obter alguma vantagem, muito pelo contrário. A base da negociação está na empatia e na capacidade de compreender melhor as posições e os interesses das pessoas, o que, por sua vez, demanda boas doses de escuta ativa e paciência.

Outro campo relevante, mais próximo da matemática, chama-se *teoria dos jogos*, que se dedica a analisar como

> pessoas (jogadores) tendem a se comportar quando há alguma premiação em jogo. Não diz respeito diretamente ao objetivo deste livro, mas fica a recomendação caso você se interesse.

Por fim, o comportamento econômico, uma simbiose interessante entre a ciência comportamental e a economia, campo que, aliás, rendeu um Prêmio Nobel ao estadunidense Richard Thaler pelo seu estudo sobre os incentivos econômicos positivos e negativos para que as pessoas ajam de determinada forma, também está relacionado à área da mediação e da conciliação.

Esses incentivos, nomeados por Thaler e Sunstein (2019) como *empurrão* (ou *nudge*, em inglês), ajudam a compreender melhor por que o CPC escolheu "forçar" as pessoas a comparecer às audiências de mediação e conciliação na etapa inicial ou pré-processual de uma ação judicial, como veremos adiante.

Para não nos alongarmos mais nesse tema, que se desdobra em vários outros, ficam o alerta e o convite: a mediação e a conciliação abrem espaço para vários outros universos e campos do conhecimento. Ater-se a apenas um deles significa deixar incompleta uma etapa da formação nesse ramo.

Por isso, sempre que puder, mantenha-se bem informado acerca das convergências que o estudo da mediação e da conciliação estabelece com outras áreas.

1.4 Definição legal da mediação e da conciliação

Se você chegou até aqui sem pular nenhum tópico, seu esforço não foi em vão. Buscamos, em um primeiro momento, esmiuçar as várias formas de se fazer referência à mesma coisa, isto é, os vários nomes que o gênero a que a conciliação e a mediação pertencem recebe na legislação e na doutrina. À parte algumas poucas observações, não há restrição nem proibição quanto ao uso de todas ou de cada uma delas. O mais importante é afastar aquele "susto" inicial que surge sempre que tratamos do tema.

Mas faltou dar uma definição legal para a mediação e a conciliação. E é isso que vamos fazer nesta seção.

A Lei da Mediação, já no parágrafo único de seu art. 1º, assim a define: "atividade técnica exercida por terceiro imparcial sem poder decisório, que, escolhido ou aceito pelas partes, as auxilia e estimula a identificar ou desenvolver soluções consensuais para a controvérsia" (Brasil, 2015b).

Aqui cabe apenas um aparte: a Lei da Mediação, como ficou conhecida a Lei Federal n. 13.140/2015, apesar do nome, não se restringe apenas à mediação; aqui, essa denominação é empregada como terminologia que abarca tanto a própria mediação quanto a conciliação.

Você talvez esteja se perguntando: Se, afinal, os dois termos são usados indistintamente, eles são sinônimos? Devemos responder que não, não são sinônimos perfeitos, embora apareçam quase sempre juntos.

A diferença mais elementar entre a mediação e a conciliação está no papel desempenhado pelo mediador e pelo conciliador em sua atuação como terceiro imparcial sem poder decisório.

Essa distinção quanto à atuação do conciliador e do mediador está no art. 165, parágrafos 2º e 3º, do CPC em vigor.

O **conciliador** é aquele que atuará "preferencialmente nos casos em que não houver vínculo anterior entre as partes", podendo "sugerir soluções para o litígio, sendo vedada a utilização de qualquer tipo de constrangimento ou intimidação para que as partes conciliem" (Brasil, 2015a).

O **mediador**, por sua vez, atuará de preferência "nos casos em que houver vínculo anterior entre as partes", devendo ajudar os interessados "a compreender as questões e os interesses em conflito, de modo que eles possam, pelo restabelecimento da comunicação, identificar, por si próprios, soluções consensuais que gerem benefícios mútuos" (Brasil, 2015a).

Em resumo, na conciliação, o papel desempenhado pelo conciliador é o de sugerir, em casos sem vínculo prévio ou duradouro entre as partes, soluções para o litígio sem jamais impor qualquer tipo de constrangimento ou intimidação às partes para que elas cheguem a um acordo.

A inexistência de vínculo prévio ou duradouro pode parecer abstrata a princípio, mas a prática nos traz bons exemplos. O caso mais clássico é a conciliação realizada em ação decorrente de um acidente de trânsito que tenha gerado danos materiais ao carro de uma das partes. Ambas provavelmente não se conhecem, não são parentes nem pretendem manter uma relação de longo prazo após o final do processo. Elas só querem resolver aquele caso único, que as colocou em uma mesa de conciliação. Resolvido o caso por meio de um acordo, é muito provável que cada uma vá para a sua casa e elas não queiram mais se ver (o que é até desejável, em alguns casos).

A mediação é mais adequada para os casos em que há vínculo prévio entre as partes, e isso é um fator que deve ser levado em consideração, pois aqui não se trata de acidente de trânsito, mas de conflitos existentes antes, durante e, caso não sejam mediados corretamente, após a audiência de mediação. Estamos falando de famílias (ações de inventário, por exemplo), casais (divórcio, guarda e visitação), sócios de uma empresa, enfim, situações que não são tão simples quanto um caso pontual sem qualquer vínculo prévio.

O mediador é aquele que ajuda os interessados não só a chegar a um acordo como também a compreender questões e interesses em conflito, uma competência muito bonita quando se fala dela, mas nem sempre fácil de se aplicar. Isso porque, para chegar a esse ponto, o mediador deve buscar previamente o restabelecimento da comunicação entre as partes (Brasil, 2015a).

Assim, apesar de serem comumente citadas juntas ou compreendidas como sinônimas, há diferenças pontuais entre a conciliação e a mediação. Essa diferença é tênue, e ficará mais fácil deduzi-la com os exemplos e os conteúdos apresentados nos próximos capítulos.

1.5 Um raio-X do Judiciário brasileiro

O CNJ, o órgão do Poder Judiciário responsável pelo controle e pela transparência administrativa e processual, publica todos os anos o relatório *Justiça em números*. Essa publicação apresenta dados retroativos ao ano anterior. Por isso, o relatório mais recente (2022) refere-se à análise quantitativa e qualitativa relacionada ao ano de 2021.

A meta principal do relatório é "a construção de uma cultura institucional baseada em dados (*data-driven administration*), que é um dos atributos cruciais para mensuração do grau de maturidade institucional de instituições públicas e privadas do século XXI a partir de indicadores estratégicos de governança" (CNJ, 2022, p. 13).

O relatório nos ajuda a compreender de forma mais acurada de onde vem a necessidade de se encorajar a política pública de resolução consensual de conflitos.

É preciso, contudo, ponderar que os dois relatórios mais recentes – 2022 (ano-base 2021) e 2021 (ano-base 2020) – refletem, em grande medida, os impactos causados pela pandemia de Covid-19 na prestação jurisdicional. De todo modo, em geral, permitem traçar tendências que se mostravam desde antes da pandemia.

Essa tendência, *grosso modo*, diz respeito a um Judiciário abarrotado de processos, caro e com uma estrutura física e de recursos humanos digna de um país continental. Nada obstante, podemos extrair dados importantes para termos uma ideia da estrutura do Judiciário e dos índices de conciliação e mediação, que é o que nos interessa.

Em 2021, havia cerca de 77,3 milhões de processos em tramitação (CNJ, 2022, p. 307), isto é, aqueles processos que ainda não tinham uma decisão definitiva em primeiro ou segundo grau de jurisdição. O tempo médio para um processo ser arquivado em definitivo (ou baixado, no jargão jurídico) foi de 4 anos e 7 meses (CNJ, 2022, p. 213).

Comparativamente, em 2020, existiam cerca de 75,4 milhões de processos em tramitação (CNJ, 2021, p. 102), e o tempo médio para um processo ser baixado (arquivado em definitivo) era de 4 anos e 6 meses (CNJ, 2021, p. 203).

Do ano de 2009 – quando da publicação da primeira edição do relatório – até o ano de 2016, houve uma tendência de alta quanto ao número de processos em tramitação, chegando ao pico de 79,9 milhões em 2016. De 2016 a 2020, a tendência foi de baixa (CNJ, 2021, p. 106), voltando a crescer em 2021, o que sugere uma tendência de retorno à normalidade dos níveis pré-pandemia.

Gráfico 1.1 – Série histórica dos casos pendentes (2009-2021)

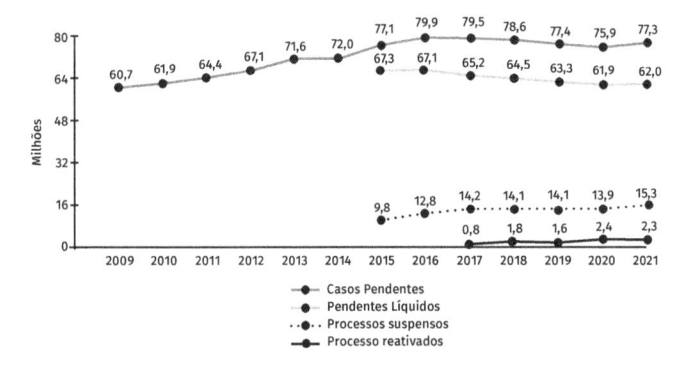

Ano	Casos Pendentes	Pendentes Líquidos	Processos suspensos	Processo reativados
2009	60,7			
2010	61,9			
2011	64,4			
2012	67,1			
2013	71,6			
2014	72,0	9,8		
2015	77,1	67,3	12,8	
2016	79,9	67,1	14,2	0,8
2017	79,5	65,2	14,1	1,8
2018	78,6	64,5	14,1	1,6
2019	77,4	63,3	13,9	2,4
2020	75,9	61,9	15,3	2,3
2021	77,3	62,0		

Fonte: CNJ, 2022, p. 107.

Comparando-se o número Execução de processos pendentes em 2021 (77,3 milhões) com os dados estimativos do Instituto Brasileiro de Geografia e Estatística (IBGE) – que apontam para uma população atual de 214 milhões de habitantes no país (IBGE, 2023b) –, chegamos a uma média de 1 processo judicial para cada 2,76 habitantes.

Ou seja, é possível afirmar que, proporcionalmente, são grandes as chances de, a cada três brasileiros, você encontrar um que tenha pelo menos um caso pendente. De toda forma, o volume de 77,3 milhões de processos pendentes de uma solução definitiva não pode ser desconsiderado e representa um grande desafio de gestão para o Judiciário. A difusão da cultura da mediação pode ser uma resposta possível para esse desafio, mas certamente não é a única.

Outro dado importante registrado no relatório do CNJ reside no chamado *Índice de Conciliação*, calculado com base na comparação entre o total de decisões terminativas (sentenças e acórdãos) e o total de sentenças homologatórias de acordos judiciais.

Uma sentença homologatória é aquela em que o juiz reconhece o acordo celebrado pelas partes, conferindo a esse acordo o peso de uma sentença judicial e transformando-o em título executivo judicial. Veremos mais detalhes da importância dessa chancela da sentença homologatória quando tratarmos do CPC.

Em 2021, o Índice de Conciliação representou o total de 11,9%, incluindo a fase processual de conhecimento (aquela que vai da petição inicial até a sentença de mérito) e a fase de execução (que vai do cumprimento de sentença até o arquivamento). Comparativamente, em 2020, o índice representou o total de 11% (CNJ, 2022, p. 202), também abarcando as fases processuais e de conhecimento, o que demonstra pouca variação, inferior a 1%.

Gráfico 1.2 – Série histórica do Índice de Conciliação (2015-2021)

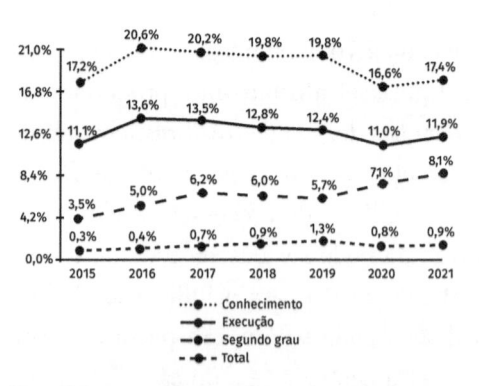

Ano	Conhecimento	Execução	Segundo grau	Total
2015	17,2%	0,3%	3,5%	11,1%
2016	20,6%	0,4%	5,0%	13,6%
2017	20,2%	0,7%	6,2%	13,5%
2018	19,8%	0,9%	6,0%	12,8%
2019	19,8%	1,3%	5,7%	12,4%
2020	16,6%	0,8%	7,1%	11,0%
2021	17,4%	0,9%	8,1%	11,9%

Fonte: CNJ, 2022, p. 202.

Em síntese, a cada 100 processos judiciais, pouco mais de 11 deles foram encerrados por meio de uma decisão final que homologou (ou reconheceu) o acordo firmado entre as partes.

O maior percentual verificado no Índice de Conciliação ocorreu no ano de 2016, com 13,6%. E isso não foi por acaso.

Em 2016, o CPC entrou em vigor, prevendo a realização das audiências de conciliação e mediação como etapa obrigatória logo no início do processo. No ano anterior, foi a Lei da Mediação que entrou em vigor, regulamentando a conciliação e a mediação judicial e extrajudicial e reafirmando em larga medida a aplicação da Resolução CNJ n. 125/2010.

De 2016 a 2020, o Índice de Conciliação registrou uma tendência de queda, que se mostrou acentuada no relatório de 2020, possivelmente repercutindo já os primeiros impactos da pandemia de Covid-19 na gestão e no processamento de processos judiciais.

No relatório do CNJ, observou-se que a pandemia de Covid-19 pode ter contribuído para esse decréscimo no Índice de Conciliação, pelo fato de as medidas de proteção e isolamento social terem afetado de forma distinta e em graus diferentes a tramitação dos processos (CNJ, 2021, p. 192). Todavia, quando se examinam os dados mais recentes, é possível acreditar que, ao menos no que se refere à tramitação processual, os índices gerais estejam caminhando para um cenário próximo ao anterior da pandemia.

A estrutura do Poder Judiciário também é exposta no relatório, e analisar esse ponto é essencial para entender parte do grande desafio do Judiciário de lidar com esse verdadeiro "tsunami" processual.

Em 2020, o Judiciário tinha quase 15 mil unidades espalhadas pelo país, com um efetivo total de quase meio milhão de pessoas, entre elas 17,9 mil magistrados e 19,1 mil conciliadores e mediadores, juízes leigos e voluntários (CNJ, 2021, p. 307).

Esse efetivo também demanda muitos recursos. Em 2020, as despesas totais do Poder Judiciário equivaleram a 1,2% do Produto Interno Bruto (PIB) nacional ou a 9,64% dos gastos totais previstos nos orçamentos da União, dos estados, do Distrito Federal e dos municípios (CNJ, 2022, p. 81). Em 2019, essas despesas eram equivalentes a 1,3% do PIB ou a 11% dos gastos totais da União e demais entes federativos no mesmo período (CNJ, 2021, p. 77).

De acordo com o IBGE, o PIB é a "soma de todos os bens e serviços finais produzidos por um país, estado ou cidade, geralmente em um ano" (IBGE, 2023a). No ano de 2021, o Brasil fechou o cálculo de seu PIB no patamar de R$ 8,7 trilhões (IBGE, 2023a).

Em resumo, essa pequena análise obtida por meio do relatório *Justiça em números* indica que o Judiciário, em que pesem a estrutura física capilarizada no território nacional e o grande efetivo de trabalho, continua tendencialmente abarrotado de processos judiciais pendentes, à espera de uma decisão final, o que geralmente leva alguns anos até acontecer de fato.

A conciliação e a mediação, como afirmado anteriormente, podem contribuir para proporcionar um "desafogo" do Judiciário com relação ao seu grave acervo processual e, com isso, manter a garantia constitucional do acesso à Justiça de forma mais rápida, justa e efetiva.

Entretanto, a conciliação e a mediação não podem ser vistas apenas como uma forma de se "livrar" de processos caros, lentos e às vezes penosos.

De fato, os Mescs prestam-se a uma missão maior do que tudo isso e que é capaz de promover, no longo prazo, uma cultura centrada na busca da consensualidade e da pacificação social.

Lançadas as definições teóricas iniciais e estabelecido um pequeno diagnóstico do Poder Judiciário brasileiro atual, passaremos a tratar das práticas de conciliação e de mediação nos próximos capítulos.

> **Para saber mais**
>
> CNJ – Conselho Nacional de Justiça. **Justiça em números 2022**. Brasília, 2022. Disponível em: <https://www.cnj.jus.br/pesquisas-judiciarias/justica-em-numeros/>. Acesso em: 4 abr. 2023.
>
> Esse relatório é publicado anualmente pelo CNJ. No *link*, você terá acesso ao documento mais atualizado no momento da edição deste livro, que é o relatório publicado em 2022, ano-base 2021.

Síntese

Neste primeiro capítulo, vimos que a conciliação e a mediação são espécies integrantes do gênero que se convenciona chamar de *meios extrajudiciais de solução de conflitos* (Mescs). Há uma ampla variedade de terminologias possíveis para se fazer referência a esse gênero.

Para fins didáticos, esmiuçamos os exemplos contidos na legislação e na doutrina para analisar as formas agrupadas quanto à **técnica** (mecanismo, método, meio ou resolução), à **qualificação** (adequado, autocompositivo, consensual ou extrajudicial), ao **objetivo** (solução ou resolução) e ao **objeto** (conflito, controvérsia, disputa ou litígio).

De forma mais ou menos indistinta, não existem maiores restrições quanto às possíveis combinações entre as terminologias. Há mais tendências do que regras propriamente ditas. Alguns termos são mais usados que outros, mas, ao fim e ao cabo, todos eles convergem para o entendimento de um mesmo fenômeno.

O estudo dos Mescs é sobretudo interdisciplinar, dialogando com diversas áreas do conhecimento. Ainda que de forma breve e introdutória, buscamos pincelar alguns exemplos de diálogos possíveis, os quais, é necessário frisar, não se pretendem exaustivos.

Com base na Lei da Mediação – a qual, apesar do nome, aplica-se tanto à própria mediação quanto à conciliação –, apresentamos a definição legal dessas duas técnicas.

Vimos, ainda, que a distinção principal entre a conciliação e a mediação, na verdade, decorre do papel atribuído à figura do conciliador e do mediador respectivamente. Dessa forma, com base no CPC, o conciliador é aquele que atua em casos em que não haja vínculo prévio entre as partes, ao passo que o mediador é aquele a quem se atribuem os casos em que haja vínculo prévio entre as partes. Por isso, a atuação do mediador exige um esforço adicional para o restabelecimento da comunicação entre as partes, por vezes necessário e prévio à busca consensual por um acordo.

Por fim, com base no relatório *Justiça em números*, publicado anualmente pelo CNJ, indicamos as principais tendências relacionadas à estrutura e à função do Poder Judiciário, mostrando um quadro de morosidade, altos custos e congestionamento de acervos processuais. A conciliação e a mediação, desse modo, podem ser consideradas uma forma de conferir celeridade à prestação jurisdicional, além de promover a pacificação social e garantir o acesso à Justiça de maneira justa, célere e adequada.

Questões para revisão

1) (Universidade Federal de Goiás – UFG, Prefeitura de Rialma, Psicólogo, 2020) A mediação de conflitos refere-se:

   a. à resolução processual e judicial de conflitos.
   b. ao instituto jurídico de direito penal.
   c. ao processo jurídico específico do divórcio litigioso.
   d. ao procedimento voluntário de solução de conflitos por meio do diálogo entre as partes.

2) (Fundação Getulio Vargas – FGV, Tribunal de Justiça do Distrito Federal e Territórios – TJDFT, Área Psicologia, 2022) Com relação à mediação, é correto afirmar que:

   a. o mediador atua nas ações nas quais as partes não possuem vínculos, com objetivo de restabelecer o diálogo e permitir que os interessados proponham soluções para o caso.
   b. é a técnica em que um terceiro imparcial, não escolhido pelas partes, decide a solução da controvérsia, impondo tal decisão para cumprimento dos interessados.
   c. é a técnica em que um terceiro parcial atua diretivamente, sugerindo soluções, em ações nas quais as partes não possuam vínculo entre si.
   d. é uma técnica de negociação formal e escrita, em que o negociador usa a busca do senso comum e a confidencialidade durante o processo.
   e. é uma técnica de negociação na qual um terceiro, indicado ou aceito pelas partes, ajuda a encontrar uma solução que atenda a ambos os lados do conflito.

3) (Instituto Quadrix, Conselho Federal de Psicologia – CFP, Especialista em Psicologia, Área Psicologia Jurídica, 2022) Segundo Adélia Socorro de Simões Almeida (2010), a mediação, como estratégia judiciária de resolução de conflitos, tem ganhado importância para os Tribunais de Justiça, a partir da década de 1990, no Brasil. Isso ocorre devido a várias causas, entre as quais **não** se pode citar que:

   a. o Poder Judiciário, em sua maneira tradicional de atuar, torna-se cada vez mais moroso, sobrecarregado e impessoal.
   b. o número cada vez maior de processos impede uma aproximação dos envolvidos no conflito com o juiz, aquele que vai ouvir as demandas da parte e tomar decisões para resolvê-lo.
   c. o grande número de disputas judiciais faz com que o juiz muitas vezes tome decisões superficiais e de fácil descumprimento, no transcurso do processo.
   d. a mediação é de grande valia social, pois permite àqueles que argumentam melhor celebrar acordos que são vantajosos para si.
   e. a mediação faz com que a impessoalidade jurídica seja superada, levando o mediador a se colocar de forma mais humana, conhecendo mais profundamente os problemas dos litigantes.

4) (Instituto Brasileiro de Formação e Capacitação – IBFC, SEAP-PR, Agente Profissional, Área Psicólogo, 2021) De acordo com Messa (2010): "A legislação brasileira prevê atualmente a solução de conflitos com métodos extrajudiciais. Tais métodos envolvem a utilização de negociação

e exigem competência e habilidade por parte dos agentes e mediadores do processo de resolução de conflitos. Na base de todas elas, está o conceito de negociação. (p. 82). Levando-se em consideração Messa, assinale a alternativa **incorreta** sobre a mediação, um tipo de negociação:

a. A mediação promove o deslocamento de emoções negativas para positivas.
b. A mediação deve ser confidencial e deve alcançar todas as pessoas envolvidas na sessão.
c. A imparcialidade com relação às partes não é importante e por isso não é buscada pelo mediador.
d. A mediação se caracteriza por ser um processo com desenvolvimento lógico, organizado e extrajudicial.
e. A mediação visa uma comunicação produtiva e deve ser voluntária na medida em que as partes não são obrigadas a chegar a um acordo.

5) (Fundação Carlos Chagas – FCC, Tribunal de Justiça de Santa Catarina – TJSC, Psicólogo, 2021) A mediação é escolhida como uma opção que pode auxiliar:

a. na redução do nível de conflito.
b. no diálogo escalonado que torna a contraparte autônoma.
c. na acareação que torna os envolvidos mais aptos a decidirem frente à outra parte.
d. no esclarecimento conduzido por um terceiro que obrigatoriamente tenha formação na área do Direito.
e. na arbitragem realizada por juiz para a pacificação dos vínculos.

QUESTÃO PARA REFLEXÃO

1) O trecho a seguir foi escrito em 1850 por Abraham Lincoln (1809-1865), quando ainda atuava como advogado, alguns anos antes de ser eleito para a presidência dos Estados Unidos. O texto faz parte de um conjunto de anotações chamadas *Notas para a prática jurídica* e pode ser assim traduzido:

> Desencoraje os litígios. Convença as pessoas a entrar em acordo sempre que puder. Saliente que o vencedor nominal é, geralmente, o real perdedor – em custas, despesas e tempo. Como pacificador, o advogado tem a oportunidade suprema de ser um homem bom. E, ainda assim, haverá trabalho suficiente. (Lincoln, 2008, p. 245-246, tradução nossa)

Você acha que esse texto é atual ou está datado no tempo? Essa "oportunidade suprema" seria de exclusividade de advogados ou de qualquer pessoa interessada na conciliação e na mediação?

II

Jurisdição multiportas e o microssistema legal da mediação

Conteúdos do capítulo

» Conceito de jurisdição multiportas, fundamental para compreender como e por que a conciliação e a mediação foram estruturadas como formas (ou portas) auxiliares do Poder Judiciário para solucionar conflitos e, em última instância, promover a pacificação social.

» O universo particular que chamamos de *microssistema*, um conjunto de normais e leis que regulam a mediação (vista como conceito amplo, abarcando também a conciliação) no Brasil, tanto a judicial quanto a extrajudicial.

» A base constitucional do microssistema legal e seu histórico e longo percurso até sua introdução no ordenamento jurídico.

» A composição do microssistema legal da mediação, que converge para três diplomas legais, a saber: a Resolução CNJ n. 125/2010; a própria Lei da Mediação (2015); e o CPC/2015.

Após o estudo deste capítulo, você será capaz de:

1. definir e compreender o conceito de jurisdição multiportas;
2. estabelecer a relação entre jurisdição multiportas e conciliação/mediação;
3. elaborar um panorama teórico inicial do microssistema legal da mediação;
4. identificar as bases constitucionais do microssistema legal da mediação;
5. reconhecer a Política Nacional de Tratamento Adequado de Conflitos, estabelecida pela Resolução CNJ n. 125/2010;
6. identificar as principais características da Lei da Mediação (Lei Federal n. 13.140/2015;
7. compreender as inovações trazidas pelo CPC/2015 no que se refere à conciliação e à mediação.

No capítulo anterior, apresentamos o conceito de mediação e de conciliação extraído do art. 1º, parágrafo único, da Lei Federal n. 13.140, de 26 de junho de 2015: "Considera-se mediação a atividade técnica exercida por terceiro imparcial sem poder decisório, que, escolhido ou aceito pelas partes, as auxilia e estimula a identificar ou desenvolver soluções consensuais para a controvérsia" (Brasil, 2015b).

Para uma melhor compreensão do contexto em que a conciliação e a mediação se inserem, vamos abordar primeiramente o conceito e a origem da jurisdição multiportas, sem a qual simplesmente não podemos vislumbrar a amplitude da aplicação dessas técnicas autocompositivas no Brasil.

Antes de passarmos à prática da mediação e da conciliação, precisaremos percorrer o conjunto legal que regula sua aplicação no Brasil, composto pela Lei da Mediação (Lei Federal n. 13.140/2015), pela Resolução CNJ n. 125/2010 e pelo CPC/2015. A esse conjunto daremos o nome de *microssistema legal da mediação*1

2.1 Jurisdição multiportas e o princípio do acesso à Justiça

No capítulo inaugural deste livro, vimos diferentes terminologias aplicadas ao gênero que se convencionou chamar de *meios extrajudiciais de solução de conflitos* (Mescs). A principal intenção era analisar a etimologia e a significação de cada uma das diferentes formas dadas a esse gênero. Agora, contudo, temos de trabalhar com um pouco de história.

Isso se justifica pelo fato de que, apesar de a conciliação e a mediação existirem muito antes da criação do direito moderno, a inserção dessas duas técnicas como tendência mundial nos ordenamentos jurídicos de alguns países é recente e pode ser datada no tempo.

Nos anos 1970, o professor Frank Sander (1927-2018), vinculado à Faculdade de Direito de Harvard, nos Estados Unidos, começou a desenvolver estudos que visavam traçar um perfil do Poder Judiciário estadunidense àquela época. As principais conclusões desses estudos foram apresentadas em um evento que se tornou clássico e icônico para a área, conhecido como Conferência Pound.

Nessa conferência, realizada no ano de 1976, Sander apresentou um diagnóstico sobre as causas de insatisfação com o Judiciário estadunidense da época: um poder abarrotado de processos lentos, de custo elevado para os litigantes e centralizado quase que exclusivamente na figura do juiz para decidir um litígio (Traum; Farkas, 2017). Dizemos "quase que exclusivamente" porque a arbitragem, outra forma de heterocomposição, já existia no ordenamento jurídico daquele país e era aplicado por lá, ainda que de maneira incipiente.

> O cenário traçado pelo professor Frank Sander em 1976 se assemelha muito com o do Brasil no primeiro quarto do século XXI.

Vimos, no capítulo anterior, que o relatório *Justiça em números*, publicado pelo Conselho Nacional de Justiça (CNJ), apesar de demonstrar estatisticamente algum avanço no uso da conciliação e da mediação, traz a cada edição o retrato de um Poder Judiciário que continua abarrotado de processos (77,3 milhões deles em tramitação) (CNJ, 2022), resolvendo casos com uma celeridade baixa e com um alto dispêndio em custos com estrutura física e recursos humanos.

Mas voltemos ao ponto que interessa a este tópico, que são exatamente as conclusões obtidas com a participação de Sander na Conferência Pound. O quadro apresentado pelo professor não se limitou às críticas ao funcionamento do Judiciário, tendo também um caráter propositivo.

A mediação (como um todo, abarcando também a conciliação) foi caracterizada, ao lado da arbitragem, como forma "alternativa" de se buscar a resolução de uma controvérsia, isto é, que se distinguisse da via tradicional da ação judicial.

É por isso que, em suas origens, as quais remontam aos anos 1970, a mediação e a conciliação eram comumente referidas como partes integrantes do gênero *meios **alternativos** de resolução de litígios*, ou simplesmente *resolução **alternativa** de litígios* (RAL). Todas essas variações convergem para uma tradução com mais ou menos liberdade do termo inglês *alternative dispute resolution* (ou *resolução alternativa de disputas* – RAD).

Mais do que uma terminologia recém-criada, Sander inaugurou também o conceito de **sistema de jurisdição multiportas** (*multidoor courthouse system*, no original em inglês) como um meio de incentivar formas complementares (ou alternativas) à jurisdição estatal.

Nesse sentido, o professor Leonardo Cunha explica que "a expressão multiportas decorre de uma metáfora: seria como se houvesse, no átrio do fórum, várias portas; a depender do problema apresentado, as partes seriam encaminhadas para a porta da mediação, ou da conciliação, ou da arbitragem, ou da própria justiça estatal» (Cunha, 2016, p. 637).

> Por *jurisdição multiportas* podemos entender as várias formas de se promover a resolução de um litígio, as quais não se limitam exclusivamente à jurisdição estatal.

Pouco tempo depois da Conferência Pound, em 1978, os professores Mauro Cappelletti (1927-2004) e Bryant G. Garth, ambos da Universidade Stanford, publicaram um relatório que ficou conhecido no Brasil pela sua tradução, que resultou no livro *Acesso à Justiça*.

Nesse livro, os autores propuseram uma concepção mais ampla de acesso à Justiça, não apenas pela porta judicial, mas também pelas portas dos demais meios consensuais (Cappelletti; Garth, 1988).

Esse movimento, que se iniciou na academia, foi sendo introduzido gradativamente no ordenamento jurídico estadunidense, como demonstra o diagnóstico feito pelo então presidente da Suprema Corte dos Estados Unidos, Warren E. Burger:

Não é correta a noção de que a maioria das pessoas quer juízes com togas pretas, advogados bem-vestidos e tribunais finamente decorados como aspectos necessários para resolver seus litígios. Pessoas com problemas, assim como pessoas com dor, querem um alívio, e o querem da forma mais rápida e menos custosa possível. (Burger, 1977, p. 22, tradução nossa)

> O ordenamento jurídico brasileiro bebeu diretamente dessa fonte ao introduzir a conciliação e a mediação em seu ordenamento jurídico.

A influência causada pelos estudos dos professores Sander, Cappelletti e Garth e a implementação do conceito de jurisdição multiportas foram fundamentais para a construção do microssistema legal da mediação no Brasil, conforme veremos a seguir2

2.2 Microssistema legal da mediação: base constitucional

O legislador constituinte declarou, logo no preâmbulo da Constituição, a harmonia social e a **solução pacífica das controvérsias** na ordem interna e internacional como fundamento de uma sociedade "fraterna, pluralista e sem preconceitos", sociedade esta cujos valores supremos se destinam a assegurar "o exercício dos direitos sociais e individuais, a liberdade, a segurança, o bem-estar, o desenvolvimento, a igualdade e a justiça" por meio da instituição de um Estado democrático (Brasil, 1988).

A solução pacífica dos conflitos também é um dos fundamentos das relações internacionais entre o Brasil e os demais países da comunidade internacional, nos termos do art. 4º, inciso VII, da Constituição Federal (Brasil, 1988).

No que se refere ao plano interno, a conciliação aparece no texto constitucional vinculada à atuação de juízes togados e/ou leigos no âmbito dos **juizados especiais** (regulamentados por lei própria, da qual trataremos mais adiante) e à atuação de cidadãos eleitos para o múnus dos juizados de paz, com a faculdade de conduzir conciliações extrajudiciais, nos termos do art. 98, incisos I e II, também da Constituição (Brasil, 1988).

Na conciliação com a administração pública, o parágrafo 20 do art. 100 da Constituição Federal prevê a criação dos **Juízos Auxiliares de Conciliação de Precatórios**, possibilitando acordos diretos com redução máxima de 40% do valor do crédito atualizado, conforme redação dada pela Emenda Constitucional n. 94, de 15 de dezembro de 2016 (Brasil, 1988).

A **solução pacífica de controvérsias**, por fim, inspirou a Proposta de Emenda à Constituição n. 108, de 2015, que, apesar de arquivada ao final da legislatura de 2018, propunha o acréscimo do inciso LXXIX ao art. 5º da Constituição, "para estabelecer o emprego de meios extrajudiciais de solução de conflitos como um direito fundamental" (Brasil, 2015c).

Acredita-se que essa proposta ainda possa vir a ser apresentada no futuro. Tal iniciativa, caso venha a ser concretizada posteriormente, merece amplo respaldo da doutrina, da academia e da sociedade.

2.3 Microssistema legal da mediação: Código de Defesa do Consumidor (CDC)

O inciso XXXII do art. 5º da Constituição trouxe a previsão de que o Estado deve promover a defesa do consumidor, na forma do que posteriormente se transformou no Código de Defesa do Consumidor (CDC) – Lei Federal n. 8.078, de 11 de setembro de 1990 (Brasil, 1990).

O CDC acrescentou diversas inovações à recém-criada nova ordem constitucional. Entre tais inovações, cabe destacar a **Política Nacional das Relações de Consumo**, introduzida com base no art. 4º do referido código.

Um dos princípios dessa política está contido no inciso V do art. 4º da referida lei:

> Art. 4º A Política Nacional das Relações de Consumo tem por objetivo o atendimento das necessidades dos consumidores, o respeito à sua dignidade, saúde e segurança, a proteção de seus interesses econômicos, a melhoria da sua qualidade de vida, bem como a transparência e harmonia das relações de consumo, atendidos os seguintes princípios:
>
> [...]
>
> V – incentivo à criação pelos fornecedores de meios eficientes de controle de qualidade e segurança de produtos e serviços, assim como de mecanismos alternativos de solução de conflitos de consumo; [...] (Brasil, 1990)

Pela modificação trazida com a Lei Federal n. 14.181, de 1º de julho de 2021, o art. 5º do CDC admitiu a instituição de **mecanismos de prevenção e tratamento extrajudicial e judicial do superendividamento** (art. 5º, VI, CDC) e de **núcleos de conciliação e mediação de conflitos**

oriundos de superendividamento (art. 5º, VII, CDC) (Brasil, 1990).

O superendividamento é tradicionalmente concebido como uma situação em que o devedor tem 50% ou mais de seus proventos comprometidos com dívidas. Em um contexto pós-pandemia e de crise econômica, a conciliação ganhou destaque ante a necessidade de permitir ao superendividado, a um só tempo, quitar seus débitos no todo ou em parte, sem com isso prejudicar o mínimo existencial de que necessita para garantir a subsistência.

A mesma Lei n. 14.181/2021 (já no contexto de pandemia de Covid-19, não custa lembrar) também inseriu um capítulo sobre a conciliação em casos de superendividamento, conferindo ao juiz a possibilidade de instaurar, a pedido da parte superendividada, um processo de repactuação de dívidas com vistas à realização de audiência conciliatória, conforme o art. 104-A e seguintes do CDC (Brasil, 1990).

Apesar de conferir a possibilidade de conciliação em matéria consumerista e de reconhecer sua importância, o CDC não especifica os procedimentos pelos quais se rege a conciliação.

Comumente, essas ações acabam sendo conciliadas pelo juiz da causa ou pelo juiz leigo, nas ações de competência do juizado especial. De toda forma, uma sistematização e regulamentação dos procedimentos relacionados à conciliação só vieram anos depois da criação do CDC, com a Lei da Mediação4

2.4 Microssistema legal da mediação: Lei dos Juizados Especiais

Seguindo a esteira da Constituição Federal e do CDC, a introdução da Lei dos Juizados Especiais no ordenamento jurídico brasileiro, em 1995, pode ser considerada uma primeira tentativa de se promover efetivamente uma sistematização dos **meios extrajudiciais de solução de conflitos**, e assim, garantir o acesso à Justiça.

A Lei n. 9.099, de 26 de setembro de 1995, ou Lei dos Juizados Especiais, fixou em seu art. 2º os critérios pelos quais se regem os processos de sua competência: **oralidade, simplicidade, informalidade**, economia processual e celeridade, devendo-se buscar, sempre que possível, a **conciliação** ou a transação (Brasil, 1995).

Nos processos de competência da Lei dos Juizados Especiais, a conciliação deve ser conduzida pelo juiz togado ou leigo encarregado do processo ou, ainda, por conciliador sob a orientação de um juiz.

> No art. 22 da Lei dos Juizados Especiais, identificamos, ao contrário das instruções principiológicas contidas no CDC, uma primeira e efetiva sistematização dos procedimentos da conciliação.

Ainda no que importa comentar acerca do art. 22, no início do procedimento, o juiz (togado ou leigo) ou o conciliador deve apresentar às partes as vantagens da conciliação e esclarecer os riscos e as consequências do litígio (art. 21).

No art. 7º da Lei dos Juizados Especiais, estipula-se que os conciliadores são auxiliares da Justiça e devem ser recrutados preferentemente entre os bacharéis em Direito (Brasil, 1995). É importante ressaltar que a Lei da Mediação, cuja vigência se iniciou duas décadas depois da Lei dos Juizados Especiais, não buscou limitar ou recomendar a área de formação do conciliador. Vale dizer: independentemente da formação acadêmica ou do histórico social, será conciliador aquele que assim o desejar e que passar pelo curso de formação e aprimoramento proposto nos termos da própria Lei da Mediação e da Resolução CNJ n. 125/2010.

Desde 2020, com a Lei n. 13.994, a Lei dos Juizados Especiais teve sua redação modificada com o intuito de propiciar a conciliação virtual, conduzida por videoconferência em tempo real (art. 22, parágrafo 2º, Lei n. 9.099/1995). Essa inovação, convém lembrar, foi decorrência direta da necessidade de o Judiciário enfrentar os desafios impostos pela pandemia de Covid-19.

Também devemos observar que as audiências virtuais têm sido utilizadas em conciliações e mediações em outras esferas também, não se limitando aos juizados especiais, e que a modalidade das audiências realizadas a distância também se mostra razoável para dar cabo da demanda por espaços físicos nas dependências de tribunais e câmaras privadas ou particulares de mediação ou conciliação5

2.5 Microssistema legal da mediação: Resolução CNJ n. 125/2010

Em 2010, o CNJ publicou a Resolução n. 125, responsável por instituir a Política Judiciária Nacional de Tratamento Adequado dos Conflitos de Interesses nos âmbitos judicial e extrajudicial. Para a abordagem de nosso objeto de estudo, essa resolução é importantíssima, como veremos a seguir.

Em larga medida inspirada no movimento pela difusão do acesso à Justiça e dos meios extrajudiciais de solução de controvérsias, a Resolução n. 125/2010 representou uma sistematização e unificação do que até então era regulamentado parcial e dispersamente pelo CDC e pela Lei dos Juizados Especiais.

A resolução também criou o panorama geral que pavimentou o terreno que seria propício para a edição e a entrada em vigor da Lei da Mediação, em 2015, e do Código de Processo Civil (CPC), no início de 2016.

> A Política Judiciária Nacional de Tratamento Adequado dos Conflitos de Interesses tem a missão de "assegurar a todos o direito à solução dos conflitos por meios adequados à sua natureza e peculiaridade" (art. 1º) e, em sua implementação, cabe centralizar as estruturas judiciárias, formar e treinar servidores, conciliadores e mediadores e manter um controle estatístico (art. 2º) (CNJ, 2010).

A resolução prevê ainda a participação conjunta de todos os órgãos do Poder Judiciário e parcerias com entidades públicas e privadas. Conta-se também com o apoio de universidades e instituições de ensino.

Nesse sentido, a formação em mediação e conciliação representa um grande avanço no ensino jurídico, como se depreende do excerto a seguir reproduzido:

> Historicamente, pode-se dizer que atos privados para fins de resolução de conflitos já eram praticados mesmo antes da jurisdição estatal se estruturar e fortalecer. No entanto, ainda que anteriores, o que se verifica é que há pouco espaço na dogmática tradicional para os chamados métodos alternativos. **Isso se dá porque os princípios do Direito Processual foram construídos de modo a justificar a jurisdição estatal e o processo judicial, que seria a solução para todos os conflitos da sociedade** (one size fits all litigation). No entanto, a sociedade é formada por tecido vivo e, como tal, está em constante mudança. Contemporaneamente, a sociedade vem exigindo uma revisão de tais conceitos

postos e dogmatizados, buscando a legitimação de métodos menos formais de solução de conflito, especialmente diante do vultoso e crescente volume de demandas judiciais. (Silva, 2012, p. 20-21, citado por Mourão, 2014, p. 31, grifo nosso)

Essa realidade fez parte da experiência de grande número de bacharéis em Direito formados até 2018, ano em que o panorama começou a ser paulatinamente alterado por meio do Parecer n. 635, de 4 de dezembro de 2018, homologado pela Portaria n. 1.351, de 14 de dezembro de 2018, do Ministério da Educação (MEC). A referida portaria incluiu as disciplinas de mediação, conciliação e arbitragem como matérias obrigatórias nos cursos de Direito (Brasil, 2018).

Ainda com relação à Resolução CNJ n. 125/2010, destacamos a criação dos Núcleos Permanentes de Métodos Consensuais de Solução de Conflitos (Nupemecs), vinculados aos Tribunais de Justiça e responsáveis pela implementação da política pública de incentivo à conciliação e à mediação.

O Nupemec é responsável pelo treinamento e pela capacitação de conciliadores e mediadores (ou simplesmente facilitadores), que podem atuar tanto em casos judiciais quanto em extrajudiciais, em conciliações ou mediações particulares ou realizadas por câmaras privadas de mediação.

No Estado do Paraná, o Nupemec está vinculado à 2ª Vice-Presidência do Tribunal de Justiça (TJ-PR). No *site*, é possível encontrar informações adicionais sobre o curso básico de formação de facilitadores:

TJPR – Tribunal de Justiça do Estado do Paraná. **O Nupemec**. Disponível em: <https://www.tjpr.jus.br/nupemec>. Acesso em: 10 abr. 2023.

Os conciliadores e mediadores (facilitadores) capacitados pelo Nupemec, uma vez formados, podem atuar como conciliadores e mediadores judiciais nos Centros Judiciários de Solução de Conflitos e Cidadania (Cejuscs). Aqueles capacitados a atuar nas audiências dos Cejuscs devem seguir o **código de ética** desses centros, ao passo que facilitadores que atuam em câmaras privadas podem adotar códigos próprios.

Abordaremos mais detidamente o código de ética aplicável aos conciliadores e mediadores quando tratarmos das etapas da mediação e da conciliação6

2.6 Microssistema legal da mediação: Lei da Mediação

Sancionada em meados de 2015, a Lei n. 13.140 é também conhecida como o *marco civil da mediação* ou simplesmente *Lei da Mediação*.

Devemos enfatizar que o termo *mediação*, nesse caso, abarca tanto a mediação propriamente dita quanto a conciliação, seja judicial, seja extrajudicial.

Em sentido amplo, a mediação recebeu a seguinte definição, extraída do parágrafo único do art. 1º da referida lei: "atividade técnica exercida por terceiro imparcial sem poder decisório, que, escolhido ou aceito pelas partes, as auxilia e estimula a identificar ou desenvolver soluções consensuais para a controvérsia" (Brasil, 2015b).

Nos incisos I a VIII do art. 2º, encontramos os princípios que regem essas atividades técnicas, quais sejam:

I – imparcialidade do mediador;

II – isonomia entre as partes;

III – oralidade;

IV – informalidade;

V – autonomia da vontade das partes;

VI – busca do consenso;

VII – confidencialidade;

VIII – boa-fé.

Retomaremos esses princípios no tópico dedicado à aplicação prática da conciliação e da mediação.

Ainda quanto à Lei da Mediação, os objetos da conciliação e da mediação versam sobretudo sobre **direitos disponíveis**, conforme consta em seu art. 3º. Direitos disponíveis são aqueles que têm objetos passíveis de ser **alienados** (ou seja, vendidos, penhorados ou doados), **transmitidos** (admitem a possibilidade de transferência), **renunciados** (direitos dos quais seu titular pode abrir mão) ou **transacionados** (podem ser objeto de concessões recíprocas) (Brasil, 2015b).

O mesmo artigo ainda estabelece que a conciliação e a mediação podem ter por objeto "direitos indisponíveis que admitam transação" (art. 3º, Lei da Mediação), e aqui vale a pena fazer uma pequena pausa para esclarecermos melhor o que essa expressão quer dizer.

Vamos começar pela definição de **direitos indisponíveis**, os quais podem ser compreendidos em contraponto ou oposição à definição anteriormente vista sobre os direitos disponíveis.

Os direitos indisponíveis são aqueles **inalienáveis** (pelo nosso ordenamento jurídico constitucional, podemos citar como exemplos os direitos humanos, a vida e a liberdade), **intransacionáveis** (não admitem concessões recíprocas, como é o caso do meio ambiente), **intransmissíveis** e **irrenunciáveis** (tais como os direitos de personalidade, à imagem ou à privacidade).

Adicionalmente, para facilitarmos o entendimento, colhemos da obra de Carlos Alberto Dabus Maluf a seguinte definição: direitos indisponíveis são aqueles que não podem ser objeto de transação ou composição, porquanto a proteção da lei é tão ampla que os protege até contra a vontade de seu próprio titular, mesmo que ele seja plenamente capaz (Maluf, 1999, citado por Martins, 2016).

> Há um debate que, apesar de interessante, não faz parte do escopo da presente obra, mas que, ainda assim, deve ser mencionado: ainda gera grande polêmica no meio acadêmico e entre doutrinadores da área a escolha que o legislador da Lei da Mediação fez ao colocar lado a lado os direitos puramente disponíveis e os direitos indisponíveis que admitam transação.

Para nos atermos ao foco da presente obra, vamos considerar como exemplos de direitos indisponíveis que admitam transação:

» o direito a alimentos (isto é, o direito de pedir alimentos e o dever de pagar pensão são intransacionáveis por si mesmos, mas a **quantia** fixada pode ser acordada segundo o binômio necessidade e possibilidade);
» o direito relacionado ao poder familiar (a guarda e o direito à visitação são a princípio indisponíveis, mas pode ser transacionada a fixação da **guarda compartilhada** e de **visitas**, com calendário definido conforme a possibilidade de agenda e a disponibilidade de cada um dos genitores, uma vez atendidos os requisitos legais e o melhor interesse da criança, no caso);

> os direitos difusos, como o meio ambiente, o qual, apesar de não admitir a transação diretamente, pode admitir eventual compensação por redução de danos ambientais em casos específicos, como construções em áreas que necessitem de proteção ou intervenção do poder público, a exemplo de usinas hidrelétricas e grandes projetos.

A Lei da Mediação e o CPC foram sancionados no mesmo ano, e esses dois diplomas legais dialogam sobretudo no que se refere à conciliação e à mediação judicial. Ambos são também tributários da Política Judiciária Nacional de Tratamento Adequado de Conflitos de Interesses, implementada pela Resolução CNJ n. 125/20107

2.7 Microssistema legal da mediação: Código de Processo Civil (CPC)

O projeto de lei que instituiu o CPC foi aprovado em 2015 e, após a sanção, entrou em vigor no início de 2016.

Fazendo um breve parênteses, podemos afirmar que o CPC já nasceu histórico, pois foi o primeiro dos grandes códigos (civil, processual civil, penal e processual penal) a ser inteiramente gestado, debatido e sancionado no contexto da ordem democrática estabelecida com a Nova República e a promulgação da Constituição Cidadã de 1988.

Podemos perceber isso já no artigo inaugural do CPC, na tônica que dita a leitura desse diploma legal: a ordenação, a disciplina e a interpretação devem ser dadas conforme os valores e as normas fundamentais fixados na Constituição (Brasil, 2015a).

Vimos anteriormente que o compromisso com a solução pacífica das controvérsias se encontra no preâmbulo da Constituição

Federal de 1988 e que a Resolução CNJ n. 125/2010 e a Lei da Mediação decorrem, em grande medida, dessa inspiração, em sintonia com os movimentos globais dos anos 1970 para a difusão do conceito de jurisdição multiportas e para a ampliação do acesso à Justiça.

> O CPC reafirma o incentivo às soluções consensuais dos conflitos por parte do Estado sempre que possível (art. 3º, parágrafo 2º) e vai mais além: juízes, advogados, defensores públicos e membros do Ministério Público devem igualmente estimular a conciliação, a mediação e outros métodos de solução consensual de conflitos, inclusive no curso do processo judicial (Brasil, 2015a).

Também como já foi abordado na presente obra, mas nunca é inoportuno relembrar, o CPC traz em seu bojo a distinção legal entre a conciliação e a mediação, distinção esta que reside na atividade exercida pelo conciliador e pelo mediador.

O **mediador**, dessa forma, é o terceiro imparcial sem poder decisório que atua preferencialmente nos casos com um vínculo prévio entre as partes, em situações em que haja a necessidade de se restabelecer a comunicação entre elas (art. 165, parágrafo 3º, CPC/2015).

O **conciliador**, por sua vez, é igualmente um terceiro imparcial sem poder decisório, mas que, diferentemente do mediador, atua nos casos em que as partes não tenham vínculo anterior (art. 165, parágrafo 2º, CPC/2015). Logo, pode agir de forma a incentivar as partes a buscar o consenso para o caso pontual e específico que as colocou em posições e interesses conflitantes.

Outra inovação trazida pelo CPC de 2015, talvez a maior delas, é a inserção das audiências de conciliação ou de mediação, conforme o caso, como etapa obrigatória no início do processo. Portanto, após o ajuizamento de uma ação na esfera cível, a regra geral do art. 334 do CPC prevê a designação da audiência de conciliação ou de mediação:

> Art. 334. Se a petição inicial preencher os requisitos essenciais e não for o caso de improcedência liminar do pedido, **o juiz designará audiência de conciliação ou de mediação com antecedência mínima de 30 (trinta) dias, devendo ser citado o réu com pelo menos 20 (vinte) dias de antecedência.** (Brasil, 2015a, grifo nosso)

No parágrafo 1º do artigo em comento, há disposição expressa no sentido de que o conciliador ou o mediador devem atuar necessariamente nas audiências de conciliação ou mediação observando "o disposto neste Código, bem como as disposições da lei de organização judiciária" (Brasil, 2015a). Em outras palavras, trata-se do microssistema legal da mediação.

No parágrafo 2º do art. 334 do CPC, o legislador processual civil abriu a possibilidade de se realizar mais de uma sessão (ou audiência, ambas consideradas aqui como sinônimas) destinada à conciliação e à mediação, desde que seja necessária para a composição das partes. A única limitação é a da temporalidade: entre a primeira audiência e as próximas, o prazo não pode exceder a dois meses.

Como exceção à regra geral, o parágrafo 4º do art. 334 do CPC prevê a não realização da sessão ou audiência de conciliação ou mediação em dois casos distintos e específicos.

O primeiro deles é a situação em que ambas as partes manifestam, expressamente, o desinteresse conjunto na realização da audiência. Nos termos do parágrafo 5º do art. 334 do CPC, esse desinteresse deve ser manifestado pelo autor logo na petição inicial; o réu deve apresentar petição com antecedência de dez dias da data designada para a audiência ou sessão de mediação ou conciliação.

Aqui precisamos fazer uma observação importante sobre a regra geral do art. 334 do CPC. Considerando um quadro-verdade ou uma tabela-verdade das possibilidades da realização da audiência de conciliação ou de mediação, temos como cenários possíveis os elencados a seguir.

Quadro 2.1 – Possibilidades de realização de audiência de conciliação ou mediação segundo o CPC/2015

Manifesta interesse na audiência?	Autor	Réu	Resultado
	Sim	Sim	Haverá audiência.
	Não	Sim	Haverá audiência.
	Sim	Não	Haverá audiência.
	Não	Não	Não haverá audiência.

Apesar de parecer um contrassenso observar, a princípio, que a realização da audiência será mantida ainda que uma das partes tenha manifestado seu desinteresse por ela – ou, reformulando-se a hipótese, que a audiência será mantida nas situações em que pelo menos uma das partes tenha manifestado interesse em sua realização –, há duas explicações possíveis para essa questão.

A primeira decorre da política pública de solução pacífica das controvérsias, inserida no ordenamento jurídico a partir da Resolução CNJ n. 125/2010 e reverberada na Lei da Mediação e no próprio CPC de 2015. Essa política pública, vale dizer, foi o principal motivo para se colocar a audiência de conciliação ou de mediação na etapa inicial do processo civil, "forçando" as partes a pelo menos tentar fazer um acordo antes do prosseguimento da ação.

A segunda explicação vem do campo da economia comportamental, área de estudos inaugurada nos Estados Unidos e que tem um dos maiores expoentes na figura do Prêmio Nobel de Economia Richard Thaler e de Cass R. Sunstein, autores do excelente livro *Nudge: como tomar melhores decisões sobre saúde, dinheiro e felicidade* (2019), que definiu o "empurrãozinho" (*nudge*, em inglês) ou incentivo/reforço positivo para melhorar o comportamento das pessoas da seguinte forma:

> Esse *nudge*, na nossa concepção, é um estímulo, um empurrãozinho, um cutucão: é qualquer aspecto da arquitetura de escolhas capaz de mudar o comportamento das pessoas de forma previsível sem vetar qualquer opção e sem nenhuma mudança significativa em seus incentivos econômicos. Para ser considerada um *nudge*, a intervenção deve ser barata e fácil de evitar. Um *nudge* não é uma ordem. Colocar as frutas em posição bem visível é um exemplo de *nudge*. Simplesmente proibir a *junk food*, não. (Thaler; Sunstein, 2019, p. 14)

Logo, o incentivo (*nudge* ou "empurrãozinho") dado pelo legislador processual civil foi dar às partes (autor e réu) a oportunidade de resolver o litígio logo no início do processo, sem qualquer obrigação de fazer um acordo, mas com a possibilidade de ao menos tentar chegar a uma composição ou, pelo menos, restabelecer a comunicação. Devemos frisar, ainda, que as partes podem a qualquer tempo chegar a um acordo, ainda que a audiência inicial de conciliação e mediação tenha sido infrutífera.

O parágrafo 7º do art. 334 do CPC permite a realização da audiência de conciliação ou de mediação por meio eletrônico, algo que, durante a fase mais crítica da pandemia de Covid-19, foi largamente utilizado para manter o Judiciário em funcionamento.

O parágrafo 8º do mesmo artigo traz o antídoto ao incentivo positivo (*nudge*):

> § 8º O não comparecimento injustificado do autor ou do réu à audiência de conciliação é considerado **ato atentatório à dignidade da justiça** e será sancionado com multa de até dois por cento da vantagem econômica pretendida ou do valor da causa, revertida em favor da União ou do Estado. (Brasil, 2015a, grifo nosso)

Ou seja, embora haja o "empurrãozinho" para incentivar as partes a negociar logo no início do processo, a mera ausência injustificada de uma das partes pode causar uma sanção a ela, revertida em punição por ato atentatório à dignidade da justiça, onerando o ausente com multa de até 2% do valor da causa ou do proveito econômico obtido no processo.

No que se refere às ações de família, o juiz pode dispor do auxílio de profissionais de outras áreas de conhecimento para a mediação e a conciliação, havendo também a possibilidade de suspensão do processo enquanto as partes estiverem em mediação extrajudicial ou atendimento multidisciplinar (art. 694, parágrafo único, CPC/2015).

Há outras menções à conciliação e à mediação, relacionadas mais exclusivamente à atuação do conciliador e do mediador, mas deixaremos esses comentários para um capítulo posterior.

PARA SABER MAIS

CAPPELLETTI, M.; GARTH, B. **Acesso à Justiça**. Porto Alegre: Fabris, 1988.

Esse livro é um clássico na doutrina jurídica, em que se busca, por análise estatística e fundamentada em dados empíricos, demonstrar como o direito de acesso à Justiça pode ser prejudicado pelo excesso de entraves na gestão estatal do Poder Judiciário.

Síntese

Neste segundo capítulo, vimos o conceito de jurisdição multiportas, surgido nos Estados Unidos nos anos 1970 e o trajeto que tomou até ser materializado na Lei da Mediação, em 2015. Nesse ínterim, a própria Constituição Federal de 1988 abriu espaço para o incentivo aos meios de solução pacífica das controvérsias, meios permitidos de forma tímida, sem regulamentação mais específica, na Lei dos Juizados Especiais e no CDC.

Por fim, tratamos do chamado *microssistema legal da mediação*, integrado pela Resolução CNJ n. 125/2010 (que estabeleceu a Política Judiciária Nacional de Tratamento Adequado dos Conflitos de Interesses), pela Lei da Mediação (que trata da conciliação e da mediação judicial e extrajudicial) e pelo CPC (que aborda a conciliação e a mediação realizadas antes ou durante o curso de um processo).

Questões para revisão

1) (Superintendência do Sistema Estadual de Atendimento Socioeducativo, Ceará – SEAS/CE, Educador Social, 2017) Na perspectiva da Mediação de Conflitos, diante de uma situação conflituosa, o procedimento correto a ser assumido é:

   a. ignorar a existência da mesma.
   b. responder de forma violenta, para cessá-la de imediato.
   c. estabelecer diálogo como forma de solução.
   d. silenciar até que a situação por si só se desfaça.

2) (Superintendência do Sistema Estadual de Atendimento Socioeducativo, Ceará – SEAS/CE, Educador Social 2017) Atente ao que se afirma a seguir sobre o processo

de mediação de conflitos: "O processo de mediação de conflitos pode ser compreendido como:

I. reconciliação entre as partes conflitantes;
II. administração de disputas;
III. um processo participativo e flexível conduzido por um terceiro imparcial".

Está correto somente o que se diz em

a. I e II.
b. I e III.
c. II.
d. III.

3) Sobre as diferenças entre a conciliação e a mediação, assinale a alternativa correta:

a. O conciliador e o mediador atuam com poder decisório para ajudar as partes a chegar consensualmente a um acordo que ponha fim ao litígio.
b. *Conciliação* e *mediação* são termos próximos, mas que se diferenciam pelas técnicas utilizadas em cada caso: a segunda é heterocompositiva, e a primeira é autocompositiva.
c. A conciliação permite adotar medidas coercitivas para fazer valer o acordo, e a mediação objetiva sobretudo o restabelecimento da comunicação entre as partes.
d. A conciliação é utilizada preferencialmente nos casos em que não haja vínculo prévio entre as partes, ao passo que a mediação é empregada quando houver vínculo anterior entre elas.

e. A diferença entre conciliação e mediação é alvo de debate na doutrina, em que pese não haver uma definição legal para uma e outra na Lei da Mediação, tampouco no CPC.

4) Sobre o conceito de jurisdição multiportas, é correto afirmar:

a. Foi uma metáfora criada para ilustrar o átrio de um tribunal com várias portas, e cada qual representaria a melhor alternativa para resolver o mérito do conflito: porta da mediação, da arbitragem, da jurisdição estatal, e assim por diante.
b. Foi um projeto arquitetônico criado na Alemanha que previa a construção de um fórum com muitas portas para ventilação.
c. Foi uma proposta originada na Constituição Federal de 1988, mas que foi rejeitada pela Assembleia Nacional Constituinte.
d. Foi originada nos Estados Unidos para combater a arbitragem, que estava em alta, e reafirmar a prevalência do Poder Judiciário.
e. Foi extinta com a entrada em vigor da Lei da Mediação, em 2020.

5) Sobre a Lei da Mediação, é **incorreto** afirmar:

a. Define a conciliação e a mediação como atividade técnica exercida por terceiro imparcial sem poder decisório, que, escolhido ou aceito pelas partes, as auxilia e estimula a identificar ou desenvolver soluções consensuais para a controvérsia.

b. Apresenta os princípios aplicáveis à conciliação e à mediação, quais sejam: imparcialidade do mediador; isonomia entre as partes; oralidade; informalidade; autonomia da vontade das partes; busca do consenso; confidencialidade; boa-fé.

c. Aplica-se a conciliações e mediações cujo objeto verse sobre direitos disponíveis ou direitos indisponíveis que admitam transação.

d. Apesar de ser considerada moderna em 2015, quando entrou em vigor, hoje é tida como ultrapassada por não admitir, em hipótese alguma, a mediação *on-line*.

e. Não se aplica à conciliação ou à mediação nas relações de trabalho, as quais são regidas por lei própria.

6) Sobre a Resolução CNJ n. 125/2010, é **incorreto** afirmar:

a. Tem a missão de instituir a Política Judiciária Nacional de Tratamento Adequado dos Conflitos de Interesses nos âmbitos judicial e extrajudicial.

b. Prevê o incentivo aos meios extrajudiciais de solução de conflitos (Mescs), regulando inclusive a formação e a capacitação de servidores, mediadores e conciliadores para atuar em tribunais e câmaras privadas de mediação e conciliação feita por particulares.

c. Diante do conflito insuperável do teor da resolução, publicada em 2010, com a Lei da Mediação de 2015, o CNJ suspendeu a aplicação do documento por prazo indeterminado, até que o texto da resolução ganhe uma nova redação.

d. Prevê a coparticipação de órgãos do Poder Judiciário e a realização de parcerias com entes públicos e privados para difundir os meios extrajudiciais de solução

de conflitos (Mescs), inclusive com a proposta de inserir a conciliação e a mediação como disciplinas obrigatórias nos cursos de graduação em Direito.
e. Apresenta, em seu Anexo III, o Código de Ética de Mediadores e Conciliadores Judiciais.

7) Sobre as disposições no CPC aplicáveis à conciliação e à mediação, é **incorreto** afirmar:

a. Juízes, advogados, defensores públicos e membros do Ministério Público devem estimular a conciliação, a mediação e outros métodos de solução consensual de conflitos, inclusive no curso do processo judicial, independentemente do grau de jurisdição.
b. O conciliador é aquele que atua preferentemente em casos em que não haja vínculo anterior entre as partes, podendo sugerir alternativas para dirimir o conflito que as assola pontualmente.
c. O mediador é aquele que atua preferentemente em casos em que haja vínculo anterior entre as partes, buscando primeiramente o restabelecimento do diálogo entre as partes e a preservação das relações que existem entre elas.
d. A sessão de conciliação ou de mediação acontece na etapa subsequente à apresentação da petição inicial, salvo se ambas as partes manifestarem desinteresse pela autocomposição logo no início do processo ou o caso versar sobre objeto não conciliável ou mediável.
e. O CPC rejeitou tacitamente a possibilidade de mediação em direito de família, por ser um campo em que os desentendimentos são muito grandes e a realização de acordos é muito pequena.

Questão para reflexão

1) A remuneração dos conciliadores e dos mediadores é um dos grandes entraves para a viabilidade dessas técnicas como profissão.

   Apesar de tanto a Lei de Mediação quanto o CPC preverem a remuneração, os dois diplomas legais também permitem a realização de trabalho voluntário. Boa parte dos tribunais tem se valido da força voluntária para preencher os quadros de conciliadores e de mediadores.

   No entanto, no Estado do Paraná, o Tribunal de Justiça (TJPR) publicou a Resolução n. 275, de 26 de outubro de 2020 (reproduzida no Anexo deste livro), que prevê a regulamentação do exercício das funções, o recrutamento, a designação, o desligamento e a remuneração dos conciliadores nos Cejuscs. Com esse marco normativo, foi publicada uma série de editais de seleção de conciliadores e mediadores já formados e capacitados, e aqui temos algumas tendências: as provas de seleção costumam ser objetivas, de caráter eliminatório, e de títulos, de caráter classificatório, abertas para candidatos com graduação em todas as áreas. A remuneração é, de modo geral, proporcional ao número de atos realizados.

   Embora o TJPR não detenha a exclusividade na realização de concursos de seleção para as funções de conciliador e mediador, na prática o que se vê é que ainda são raros os exemplos de outros tribunais que publicam constante e sistematicamente editais de seleção para esses cargos.

A título de exemplo, podemos citar outro caso: o Tribunal de Justiça do Espírito Santo (TJES), que publicou a Resolução n. 23, de 23 de setembro de 2022, com base na qual se realizou do concurso previsto em edital no final de 2022.

Se você pretende se capacitar para atuar como conciliador ou mediador, consulte o portal de processos seletivos do TJPR, disponível em <http://tjpr.mestregr.com.br/>.

Agora, vejamos: Não parece ser controverso que a Resolução n. 275/2020 do TJPR tenha buscado, ou ao menos tentado, dar vazão à demanda há muito aventada nos corredores de fóruns e faculdades de Direito? Afinal, o conciliador e o mediador teriam espaço, função e mercado para se consolidarem como profissões regulamentadas? Justifique sua resposta.

III

Conteúdos do capítulo:

» Aspectos práticos relacionados à conciliação e à mediação.
» Conceito de cultura da pacificação, em contraposição à cultura da sentença ou da litigância.
» Fundamentos da negociação aplicados à conciliação e à mediação com base no livro seminal *Como chegar ao sim*, de Roger Fisher, William Ury e Bruce Patton (2018).
» Atores partícipes dos procedimentos da conciliação e da mediação.

Após o estudo deste capítulo, você será capaz de:

1. compreender os conceitos da cultura da pacificação e da cultura da sentença;
2. analisar os principais fundamentos da negociação baseados na interdisciplinaridade e na obra dos criadores do Método Harvard de Negociação (em inglês, *Program on Negotiation* – PoN);
3. reconhecer os atores dos procedimentos de conciliação e mediação;
4. entender as principais competências do facilitador.

3.1 Cultura da pacificação

Kazuo Watanabe, doutrinador de direito civil, desembargador aposentado do Tribunal de Justiça de São Paulo (TJSP) e professor emérito da Faculdade de Direito da Universidade de São Paulo (USP), é também o autor de um texto considerado um clássico nos estudos da conciliação e da mediação, centrado na polarização entre a cultura da sentença e a cultura da pacificação (Watanabe, 2005).

À época em que escreveu esse texto, o professor Watanabe teceu críticas aplicáveis à própria classe profissional – já que ele próprio era juiz naquele momento.

Ele percebeu, fazendo um diagnóstico preciso, a existência de uma "**falsa percepção** de que a **função de conciliar é atividade menos nobre**, sendo a função de sentenciar a atribuição mais importante do juiz" (Watanabe, 2005, p. 386, grifo do original).

Mais do que diagnosticar uma prevalência da atividade jurisdicional, Watanabe descreve um quadro de uma mentalidade adversarial incutida desde os mais tenros anos nas faculdades de Direito e verificada na prática jurídica, que formaria quadros e gerações com a crença de que a sentença judicial seria a solução mais adequada para a maioria dos casos (Watanabe, 2005).

Ao prosseguir sua análise, o referido autor destaca que o senso comum nos levaria a acreditar que a figura clássica do magistrado seria preferível àquela do facilitador e que o "advogado bom" seria aquele que mais ajuíza (e, por conseguinte, "ganha" causas).

Essas são, em suma, as características de uma verdadeira **cultura da sentença**, a qual ainda se mostra enraizada na mentalidade de muitas pessoas e profissionais do direito.

Essa cultura adversarial arraigada em nossa sociedade deveria ceder lugar para o surgimento e o fortalecimento de uma outra cultura, a da pacificação. E é nessa cultura da pacificação que encontramos o terreno propício para que a conciliação e a mediação possam prosperar.

3.2 Fundamentos da negociação: o livro *Como chegar ao sim*

A conciliação e a mediação, espécies do gênero conhecido como *meios extrajudiciais de solução de conflitos* (Mescs), são regidas pelo microssistema legal da mediação, composto pela Resolução n. 125, de 29 de novembro de 2010, do Conselho Nacional de Justiça (CNJ), pela Lei da Mediação e pelo Código de Processo Civil (CPC). Os Mescs são técnicas pautadas sobretudo pela interdisciplinaridade.

A importância de nos determos por tanto tempo a temas mais vinculados à área do direito decorre do fato de que a base legal é o alicerce em cima do qual podemos construir as boas práticas de condução e de participação nas etapas da conciliação e da mediação.

Abordar os fundamentos da negociação como diálogo interdisciplinar aplicado à conciliação e à mediação nos obriga, em um primeiro momento, a nos afastar um pouco do modelo de negociação baseado em posições antagônicas e mutuamente excludentes.

Em outras palavras, a negociação voltada para a conciliação e a mediação nos obriga a evitar nosso "encastelamento" em determinadas posições e opiniões previamente determinadas ou concebidas. É também uma forma (ou ao menos uma tentativa) de nos despirmos de preconceitos (ou "pré-conceitos") de maneira a podermos participar de coração e mente abertos a fim de obtermos um resultado ótimo em uma rodada de negociações.

Esse, aliás, é o principal ensinamento do livro *Como chegar ao sim*, dos autores Roger Fisher, William Ury e Bruce Patton, pesquisadores cofundadores do Método Harvard de Negociação (em inglês, *Program on Negotiation* – PoN).

> Quando negociam posições, as partes tendem a se fechar nelas. Quanto mais você defende e deixa clara sua posição, mais se compromete com ela. Quanto mais tenta convencer o outro lado da impossibilidade de mudar sua posição inicial, mais difícil se torna fazê-lo. Seu ego se identifica com sua posição. Você passa a ter o interesse de não parecer incoerente – conciliar a ação futura com posições passadas –, o que reduz a chance de um acordo que concilie de forma sensata os interesses originais das partes. (Fisher; Ury; Patton, 2018, p. 24-25)

Fisher, Ury e Patton defendem, desde pelo menos os anos 1980, o conceito de negociação baseada em princípios em vez de negociação centrada em posições.

O Método Harvard de Negociação pode ser resumido em quatro pontos centrais, quais sejam:

1. **Pessoas**: a negociação é centrada nos problemas, não nas pessoas.
2. **Interesses**: uma boa negociação atende aos interesses de cada parte.
3. **Soluções**: deve-se buscar a criação de alternativas viáveis para solucionar o problema.
4. **Critérios**: o acordo deve se pautar por critérios objetivos e imparciais.

Nas subseções a seguir, trataremos das principais temáticas contempladas no livro, que nos servirá de base para abordar os princípios da negociação. Caso você esteja montando uma lista de leitura sobre Mescs e ainda não tenha decidido por onde começar, o livro *Como chegar ao sim* é uma ótima alternativa, pois é um clássico interdisciplinar que pode trazer resultados desejáveis em sua vida pessoal e profissional.

3.2.1 Pessoas e problemas

O primeiro princípio da negociação – e talvez o mandamento mais importante – é a necessidade de separar (ou ao menos tentar separar) as **pessoas** envolvidas dos **problemas** que são trazidos à mesa.

"Fulanizar" ou "pessoalizar" a negociação, atacar o mensageiro ou o negociador ou ainda trazer elementos que não contribuem em nada para a solução do conflito são algumas das formas mais eficazes de afastar a possibilidade de qualquer acordo, razão pela qual devemos evitá-las.

O foco deve sempre, na medida do possível, estar no **problema** e nas **formas possíveis** de resolvê-lo, e não necessariamente nas **pessoas**.

Os problemas reais e que importam para a resolução satisfatória de um dado conflito tendem a surgir exatamente quando abrimos o espaço propício para que as pessoas expressem livremente suas posições e seus interesses.

3.2.2 Posições e interesses

As pessoas costumam entrar em situações de negociação com posições já consolidadas e que nem sempre coincidem com os seus reais interesses.

> "O problema básico de uma negociação não está em posições conflitantes, mas no conflito entre necessidades, desejos, preocupações e medos de cada lado" (Fisher; Ury; Patton, 2018, p. 66).

Desse modo, podemos ter posições conflitantes, as quais, se forem bem exploradas, podem revelar **posições em comum** e aquelas que sejam compatíveis com os **reais interesses das partes**, podendo convergir para um acordo que represente o **ponto médio entre posições e interesses**.

Vamos trabalhar com um exemplo bem prosaico: uma conciliação entre dois vizinhos em que um deles trabalha no turno da noite e não consegue dormir até mais tarde no dia seguinte porque o outro trabalha como marceneiro e o barulho de seu maquinário começa rigorosamente às 8 horas todas as manhãs.

Podemos identificar as posições conflitantes com facilidade: um quer dormir tranquilamente, e o outro quer começar a trabalhar no horário comercial. Se cada um dos vizinhos se centrar em suas posições, ou se o foco deles se fechar na pessoa e não no problema, dificilmente haverá conciliação.

Se as posições são trazidas pelas partes facilmente e logo no início, é por meio da qualidade técnica do conciliador ou do mediador que os reais interesses costumam ser levantados, visto que eles nem sempre são tão óbvios.

Fisher, Ury e Patton sugerem duas perguntas que nos ajudam a levantar os interesses: "Por quê?" e "Por que não?" (Fisher; Ury; Patton, 2018).

A primeira pergunta importa porque nos permite avaliar o **nível de certeza** e a linha de raciocínio do interlocutor quanto às suas **posições**; a segunda, por sua vez, nos ajuda a encontrar ou a sugerir **alternativas**.

Afinal, é necessário colocar-se no lugar do outro, e a melhor forma de fazer isso é descobrir como ele pensa (Fisher; Ury; Patton, 2018). Os ingleses têm uma expressão idiomática interessante nesse sentido: *vestir os sapatos do outro* ou *vestir o chapéu do outro*, colocando-se no lugar dele e enxergando a situação da perspectiva do interlocutor.

Avaliando os reais interesses das partes em nosso caso exemplificativo, podemos ver que o vizinho que precisa dormir até mais tarde provavelmente está com raiva, cansaço e necessidade de repouso. Já o vizinho marceneiro talvez sinta alguma indignação ou até raiva, pois não está fazendo nada de errado a princípio. E mesmo assim o outro vizinho o envolveu em uma conciliação.

Na verdade, ambos estão certos e cada um tem posições e interesses próprios. Como sair desse impasse? A saída está em um ponto médio entre as posições conflitantes e os reais interesses: o vizinho marceneiro, para que o outro pudesse descansar até mais tarde, poderia concordar em utilizar o maquinário mais pesado em horários e dias alternativos, por exemplo.

3.2.3 Ganhar ou perder? O ganha-ganha como negociação justa e viável

A negociação clássica, isto é, aquela que é adversarial e centrada em posições, assemelha-se muito a uma disputa esportiva de caráter eliminatório ou de soma zero: para que um possa ganhar, o outro precisa perder.

Na linguagem empresarial, esse tipo de negociação é também conhecido como *ganha-perde*. Há um misto de alegria e dissabor nessas situações, pois um lado sai com espírito e pensamento de vencedor, e o outro lado pode sair deprimido e se sentindo injustiçado. Nem sempre precisa ser assim, contudo.

Na conciliação e na mediação, jamais devemos nos comportar assim, aliás.

> Na conciliação e na mediação, muitas vezes buscamos o ganha-ganha, valendo-nos do jargão do mundo corporativo.

As soluções não precisam trazer necessariamente um ganhador ou um perdedor. Um bom acordo faz com que as duas partes saiam "vencedoras". Porém, aqui precisamos fazer um adendo.

Para que as duas partes se sintam empoderadas e saiam "ganhando" em um acordo justo, célere e adequado, é preciso que ambas "percam" algo por concessões recíprocas.

Dessa forma, nem sempre o ganho é representado de forma material ou por uma quantia: ele pode se estabelecer com base em critérios como tempo, prazo, condições especiais etc. (Fisher; Ury; Patton, 2018).

3.2.4 Importância dos critérios objetivos

Ao se conduzirem negociações baseadas em princípios, os acordos podem ser facilitados quando se adotam **critérios objetivos**. Assim fica mais fácil e possível realizar um **teste de realidade** para avaliar se as propostas em debate são viáveis.

Nesse sentido, padrões objetivos como preço de veículos usados (tabela Fipe), índices de correção monetária (IGPM/FGV, IPCA/IBGE etc.) e preço médio de imóveis na região podem dar um apoio mais adequado na hora de discutir valores e parâmetros.

A depender de cada situação, os critérios objetivos podem ser diferentes. Mas aí entra a capacidade do bom negociador em identificar quais seriam os critérios objetivos mais adequados e compreensíveis por todas as partes para que, juntas, aceitem negociar segundo uma base realista e dentro da margem do possível, a fim de que ambas saiam satisfeitas com o acordo.

3.3 Melhor alternativa à negociação de um acordo (Maana)

Se você lida com negociação rotineiramente, já deve ter percebido que as pessoas, a depender do caso, trabalham com um teto ou um piso, os quais demarcam os limites de um acordo, seja para encerrar um processo judicial, seja para barganhar algum desconto em uma compra.

No livro *Como chegar ao sim*, os autores trabalham com a categoria melhor alternativa à negociação de um acordo (Maana), que pode ser entendida como um ponto ideal e ótimo acima do qual a negociação já não valeria a pena ou, caso fosse aceita, se tornaria desvantajosa.

> A sigla Maana, por vezes, é substituída pela abreviação do original em inglês, que é Batna (*best alternative to a negotiated agreement*). Literalmente, é a melhor alternativa para um acordo negociado.

Confira a definição de Maana dada por Fisher, Ury e Patton (2018, p. 132):

> Quando negociamos, o objetivo é produzir algo melhor que os resultados que poderiam ser obtidos sem uma negociação. Que resultados são esses? Que alternativa é essa? Qual é a sua Batna (*Best Alternative To a Negotiated Agreement*)? –, ou sua Melhor Alternativa a um Acordo Negociado? Esse é o critério pelo qual qualquer

acordo proposto deve ser avaliado, o único que pode proteger você de aceitar condições muito desfavoráveis e de rejeitar termos que seriam de seu interesse.

Se você vai participar de uma negociação, conhecer seu limite ou Maana (ou Batna, se preferir) é a forma mais segura de se proteger de uma proposta ruim e de aproveitar ao máximo seu poder de barganha para chegar a um acordo que satisfaça seus interesses tanto quanto possível.

Agora, se você atua como conciliador ou mediador em uma negociação, nem sempre as partes vêm devidamente preparadas para negociar. O dever ético do facilitador é ajudar cada uma das partes a identificar as melhores alternativas à negociação para um acordo que represente uma Maana/Batna em comum. Se possível, isso deve ser feito conjuntamente, mas, se necessário, em uma reunião individual com cada uma das partes, como veremos no tópico que trata dos procedimentos da mediação.

3.4 Atores da conciliação e da mediação

Agora, vamos explorar as particularidades de cada um dos agentes que participam dos procedimentos da conciliação e da mediação.

3.4.1 Partes

Consideramos partes todas as pessoas físicas ou jurídicas que estejam diretamente relacionadas a um conflito.

Ao contrário do que ocorre em um processo judicial, as partes não são polarizadas entre autor e réu ou culpado e inocente. A intenção definitivamente não é essa.

As partes participam da audiência judicial ou extrajudicial de conciliação ou de mediação em busca de uma solução para o litígio que as envolve. Tanto é assim que a doutrina e o microssistema legal da mediação se referem às partes como *requerente* para o autor ou para aquele que solicitou a sessão de conciliação ou de mediação e como *requerido* para a parte que, em um processo judicial, ocuparia a posição do réu.

3.4.2 Representantes legais

O art. 133 da Constituição Federal prescreve que o advogado é indispensável à administração da justiça (Brasil, 1988). No caso das audiências de conciliação e de mediação judiciais, a presença dos advogados ou defensores públicos das partes é prevista no art. 334, parágrafo 9º, do CPC (Brasil, 2015a).

A participação dos representantes legais, portanto, fornece uma segurança jurídica maior na realização da audiência ou sessão de conciliação ou mediação, podendo os advogados ajudar seus clientes a conseguir um acordo dentro ou próximo da Maana ou Batna.

Todavia, como tais audiências podem envolver interesses e posições que não versem apenas sobre questões jurídicas, a cultura da pacificação deve ser sempre relembrada pelos advogados para que as partes se expressem da forma mais livre possível, trazendo posições e interesses (sentimentos, necessidades, desejos etc.) que colaborem para a construção de um acordo ajustado à situação mediada.

Por fim, destacamos que o Código de Ética da Ordem dos Advogados do Brasil (OAB) estabelece, por conta da Resolução CNJ n. 125/2010, em seu art. 48, parágrafo 5º, *in verbis*: "É vedada, em qualquer hipótese, a diminuição dos honorários contratados em decorrência da solução do litígio por qualquer mecanismo adequado de solução extrajudicial" (OAB, 2015).

3.4.3 Facilitador e cofacilitador

O facilitador (conciliador ou mediador) é aquele que, por designação do juiz ou escolha das partes, atua como terceiro imparcial para ajudar as partes a atingir seus objetivos por meio de um acordo justo e adequado. Em causas mais complexas ou que envolvam muitos interessados, é possível contar com o auxílio de cofacilitadores, permitido pela Resolução CNJ n. 125/2010.

No Anexo III da Resolução CNJ n. 125/2010, que traz o Código de Ética de Conciliadores e Mediadores Judiciais, encontramos os princípios que regem a atuação dos facilitadores, quais sejam: confidencialidade, decisão informada, competência, imparcialidade, independência e autonomia, respeito à ordem pública e às leis vigentes, empoderamento e validação (CNJ, 2010).

A **confidencialidade** é assim definida pelo Código de Ética: "Dever de manter sigilo sobre todas as informações obtidas na sessão, salvo autorização expressa das partes, violação à ordem pública ou às leis vigentes, não podendo ser testemunha do caso, nem atuar como advogado dos envolvidos, em qualquer hipótese" (CNJ, 2010).

A **decisão informada** consiste no dever ético de prestar às partes todas as informações necessárias para que tomem a melhor decisão conforme o quadro de possibilidades, o que inclui a já explorada Maana ou Batna.

Quanto à **competência**, o Código de Ética a define como "Dever de possuir qualificação que habilite [o facilitador] à atuação judicial, com capacitação na forma desta Resolução, observada a reciclagem periódica obrigatória para formação continuada" (CNJ, 2010).

No que atine à **imparcialidade**, o dever do facilitador o impele a agir sem favoritismo, preferência ou preconceito em direção a qualquer uma das partes, "assegurando que valores e conceitos pessoais não interfiram no resultado do trabalho, compreendendo a realidade dos envolvidos no conflito e jamais aceitando qualquer espécie de favor ou presente" (CNJ, 2010).

Os princípios da **independência** e da **autonomia** aparecem coligados no Código de Ética porque envolvem tanto a liberdade de atuar sem pressão interna ou externa quanto a liberalidade conferida para que o facilitador se recuse a redigir acordo ilegal ou inexequível ou, ainda, suspenda ou interrompa uma sessão se não verificar as condições necessárias para continuar os trabalhos (CNJ, 2010).

O princípio do **respeito à ordem pública e às leis vigentes** decorre da competência técnica do facilitador, na medida em que este deve cuidar para que "eventual acordo entre os envolvidos não viole a ordem pública, nem contrarie as leis vigentes" (CNJ, 2010).

Há também o princípio do **empoderamento**, que consiste no "dever de estimular os interessados a aprenderem a melhor resolverem seus conflitos futuros em função da experiência de justiça vivenciada na autocomposição", e o princípio da **validação**, que corresponde ao "dever de estimular os interessados perceberem-se reciprocamente como serem humanos merecedores de atenção e respeito" (CNJ, 2010).

3.4.4 Juiz

Apesar de ser facultativa a realização das sessões de conciliação e de mediação pelo juiz, o magistrado tem o dever de incentivar a aplicação dessas práticas sempre que cabível, dever que também se aplica a advogados, defensores públicos e membros do Ministério Público (art. 3º, parágrafo 3º, CPC).

No âmbito da conciliação ou da mediação judicial, as partes chegam a um acordo, que é levado ao juiz, o qual, fazendo um controle de legalidade, assina a sentença que reconhece (homologa) esse acordo e lhe dá validade jurídica.

Essa sentença, como veremos no próximo capítulo, é a parte final do procedimento tanto da conciliação quanto da mediação e é fundamental para que o acordo, revestido pelo corpo da sentença, tenha eficácia de título executivo judicial.

3.5 Competências do facilitador

O *Manual de mediação judicial* (Azevedo, 2016), que serve de base para os cursos de formação e capacitação de conciliadores e mediadores judiciais, apresenta uma série de competências necessárias ao facilitador para bem conduzir a audiência.

Para quem não atua ou não pretende atuar como facilitador, observar essas competências é uma boa forma de avaliar se o trabalho do conciliador ou do mediador está sendo bem desempenhado.

3.5.1 Competências cognitivas

As competências cognitivas permitem compreender as origens do conflito no caso propriamente dito, como se formou e quais são suas particularidades e seus desdobramentos (Azevedo, 2016).

3.5.2 Competências perceptivas

O facilitador deve compreender não apenas o conflito, mas também o contexto fático-conflituoso em que o caso está inserido. Deve estar atento às diversas formas como esses contextos podem ser percebidos por diferentes pessoas (Azevedo, 2016), ajudando as partes a considerar outras óticas pelas quais podem enxergar o mesmo problema.

3.5.3 Competências emocionais

As competências emocionais referem-se "à forma com que se processa ou metaboliza o conjunto de estímulos emocionais ao qual se está sendo exposto" (Azevedo, 2016, p. 94).

Essa forma também é chamada de **quociente emocional** (QE). O facilitador deve não só compreender como as competências emocionais o estimulam, como também aprender a identificar e a respeitar as diferentes maneiras de metabolizar ou processar esses estímulos.

3.5.4 Competências comunicativas

As competências comunicativas dizem respeito

> à forma com que se transmite o conjunto de mensagens pretendido ou intencionado. Essas competências consistem essencialmente em estabelecer que cada um deve se responsabilizar pela forma com que suas mensagens são compreendidas (saber pedir) e pela forma de compreender as mensagens daqueles com quem se comunica (saber ouvir o que está sendo pedido pelo outro). (Azevedo, 2016, p. 95)

É importante destacar que o estudo da comunicação não violenta é fundamental para a conciliação e a mediação.

3.5.5 Competências criativas

As competências criativas envolvem o pensamento criativo com vistas à inovação, à originalidade e à alternatividade das soluções apresentadas para os casos com que o facilitador se depara (Azevedo, 2016).

3.5.6 Competências negociais

As competências negociais relacionam-se basicamente com a aplicação prática dos fundamentos da negociação com que trabalhamos ao longo deste capítulo; são baseadas, em larga medida, na obra seminal *Como chegar ao sim*.

3.5.7 Pensamento crítico

O pensamento crítico envolve a escolha e a avaliação das várias soluções possíveis (Azevedo, 2016).

Não basta ao facilitador apenas desdobrar-se para compreender o conflito existente entre as partes e procurar alternativas para um acordo possível. Essas alternativas devem ser avaliadas com base em critérios objetivos e em sua aplicabilidade ao caso que está sendo mediado.

A título de exemplo, podemos considerar que, havendo um conflito de forte natureza psicológica ou emocional, o facilitador precisa ter em mente que uma solução justa e efetiva para a controvérsia não reside exclusivamente em uma eventual indenização em dinheiro. O pensamento crítico, nesse caso, entra como filtro que ajuda o facilitador a avaliar se a solução que ele venha a trazer ou a encorajar é de fato adequada para a resolução do litígio que envolve as partes.

> **Para saber mais**
>
> FISHER, R.; URY, W.; PATTON, B. **Como chegar ao sim**: como negociar acordos sem fazer concessões. Rio de Janeiro: Sextante, 2018.
> Esse livro é um clássico e um *best-seller* na área de negociação desde que foi publicado. Os autores são os criadores do Método Harvard de Negociação, que, desde a década de 1980, vem se consolidando como referência nesse campo de estudos.

Síntese

Neste terceiro capítulo, tratamos da cultura da pacificação, dos fundamentos da negociação, dos atores da conciliação e da mediação e das competências do facilitador.

Nos próximos capítulos, vamos esmiuçar as etapas da audiência de conciliação e de mediação, objeto central da presente obra.

QUESTÕES PARA REVISÃO

1) (Superintendência do Sistema Estadual de Atendimento Socioeducativo, Ceará – SEAS/CE, Educador Social, 2017) Assinale a opção que NÃO corresponde a uma habilidade do mediador de conflitos:

   a. Escuta qualitativa das partes em conflito.
   b. Emissão da sua opinião pessoal acerca da situação.
   c. Identificação de possíveis impasses no processo.
   d. Promoção da capacidade dialógica entre as partes.

2) (Tribunal de Justiça do Estado de Minas Gerais – TJMG, Titular de Serviços de Notas e de Registros, 2017) Quanto aos institutos da conciliação e mediação, analise as afirmações seguintes:

   I. A conciliação e a mediação são informadas pelos princípios da independência, da imparcialidade, da autonomia, da vontade, da oralidade e da informalidade.
   II. As partes não podem escolher o conciliador ou o mediador, devendo sempre submeter-se àqueles cadastrados no tribunal.
   III. Os conciliadores e mediadores judiciais cadastrados nos tribunais, se advogados, estarão impedidos de exercer a advocacia nos juízos em que desempenhem suas funções.
   IV. O conciliador e o mediador ficam impedidos, pelo prazo de 1 (um) ano, contado do término da última audiência em que atuaram, de patrocinar qualquer das partes.

   Está correto o que se afirma em:

a. I e II, apenas.
b. III e IV, apenas.
c. I, III e IV, apenas.
d. I, II, III e IV.

3) A chamada *cultura da pacificação*, termo usado por Kazuo Watanabe, pode ser definida por sua oposição a outro tipo de cultura, bastante arraigada na sociedade e nas faculdades de Direito, que veria na mediação uma forma "menos nobre" de resolver litígios. Essa cultura, oposta à da pacificação, chama-se:

a. cultura da sentença.
b. cultura antijurídica.
c. subcultura.
d. cultura materialista.
e. cultura estrutural.

4) A melhor alternativa à negociação de um acordo (Maana) é uma técnica de negociação. Qual é sua principal vantagem?

a. Dar maior poder de barganha para o negociador que deseja tirar vantagem da outra parte.
b. Mudar o foco da negociação de ganha-ganha para ganha-perde.
c. A técnica não apresenta vantagens implícitas nem explícitas; aliás, é expressamente proibida pela Lei da Mediação.
d. Proteger as partes do aceite de condições muito desfavoráveis em um acordo ou da rejeição de termos que poderiam ser de seu interesse.
e. A técnica só funciona em casos nos quais apenas uma das partes estiver agindo de boa-fé.

5) Há uma modalidade de negociação em que as partes, mediante concessões mútuas, obtêm ganhos recíprocos. Trata-se de uma transação em que ambas cedem um pouco para atingir um ganho comum (tempo, dinheiro, prazo, condições diferenciadas etc.). Esse tipo de negociação recebe o nome de:

a. perde-ganha.
b. perde-perde.
c. ganha-ganha.
d. ganha-perde.
e. soma zero.

6) Sobre os fundamentos da negociação, é **incorreto** afirmar:

a. Deve-se buscar separar pessoas de problemas.
b. Só é possível atingir resultados concretos em toda e qualquer negociação quando se vincula a pessoa ao problema, "fulanizando" a negociação.
c. Quanto mais encasteladas estiverem as partes em suas posições, mais difícil será atingir uma compreensão mútua.
d. Uma boa negociação deve considerar não apenas as posições imediatas e momentâneas das partes, mas também os interesses reais de cada uma.
e. O facilitador deve ajudar as partes a compreender corretamente quais são as necessidades, os desejos, as preocupações e os medos de cada uma, com vistas a encontrar um ponto médio entre posições e interesses.

7) Os princípios que regem a atuação dos facilitadores estão listados no Anexo III da Resolução CNJ n. 125/2010, que apresenta o Código de Ética de Conciliadores e Mediadores Judiciais. Qual das alternativas a seguir **não** apresenta um princípio que rege a atuação dos facilitadores?

   a. Confidencialidade.
   b. Imparcialidade.
   c. Independência.
   d. Empoderamento das partes.
   e. Parcialidade.

QUESTÃO PARA REFLEXÃO

1) A seguir, vejamos um caso real apresentado no livro *Como chegar ao sim*. No exemplo, podemos ver com clareza uma das partes se valendo da negociação baseada em posições e a outra aplicando a negociação baseada em princípios.

   Leia o texto e reflita sobre como as partes chegaram à solução proposta para o problema.

> Um caminhão de lixo bateu no carro de Tom, que estava estacionado. O automóvel estava no seguro, mas a quantia exata ainda precisava ser discutida com o avaliador da seguradora.
> AVALIADOR: Estudamos o seu caso e decidimos que a apólice se aplica. Você tem direito a 13.600 dólares.
> TOM: Entendo. Como você chegou a esse valor?
> AVALIADOR: Foi o que decidimos que o carro valia.

TOM: Entendo, mas que critério você usou para determinar esse valor? Você sabe onde posso comprar um carro similar por esse preço?

AVALIADOR: Quanto você está pedindo?

TOM: Tudo a que tenho direito de acordo com o contrato. Encontrei um carro usado quase igual ao meu por 17.700. Com as taxas de venda e os impostos, chegaria a cerca de 19 mil dólares.

AVALIADOR: Dezenove mil? Isso é muito!

TOM: Não estou pedindo 19 mil, 18 mil ou 20 mil, mas uma compensação justa. Você concorda que é justo que eu receba o suficiente para substituir o carro?

AVALIADOR: Ok, vou lhe oferecer 15 mil. É o máximo que posso fazer. Política da empresa.

TOM: Como a empresa calcula isso?

AVALIADOR: Olhe, 15 mil é o máximo que você vai conseguir. É pegar ou largar.

TOM: Quinze mil pode ser justo. Não sei. Entendo sua posição, se você está preso pela política da empresa. Mas, a menos que me diga objetivamente por que esse valor é tudo a que tenho direito, acho que vou me sair melhor no tribunal. Por que não estudamos o assunto e voltamos a conversar? Quarta-feira às 11 horas é um bom horário para você?

AVALIADOR: Ok, tenho aqui um anúncio do jornal de hoje oferecendo um carro do mesmo fabricante, modelo e ano do seu por 14.800.

TOM: Certo. Qual a quilometragem?

AVALIADOR: Ele rodou 49 mil quilômetros. Por quê?

TOM: Porque o meu só tinha 25 mil quilômetros rodados. Segundo seu manual, em quantos dólares essa diferença de quilometragem aumenta o valor?

AVALIADOR: Deixe-me ver... em 1.650.

TOM: Tomando os 14.800 como uma base possível, isso aumenta o valor do seguro para 16.450. O anúncio fala em aparelho de som?

AVALIADOR: Não.

TOM: E quanto vocês pagam a mais por isso no seu manual?

AVALIADOR: Mil e cem dólares.

TOM: E espelho retrovisor com ajuste automático de iluminação?

[...]

Meia hora depois, Tom saiu com um cheque de 18.024 dólares.

Fonte: Fisher; Ury; Patton, 2018, p. 125-126.

IV

Princípios norteadores do conciliador e do mediador

Conteúdos do capítulo:

» Princípios da conciliação e da mediação e princípios orientadores da atuação do facilitador judicial ou extrajudicial.
» Relação entre tais princípios e o microssistema legal da mediação, em especial a Resolução CNJ n. 125/2010.
» Análise de dois princípios fundamentais para uma mediação justa, adequada e em consonância com o microssistema legal da mediação: da confidencialidade e da imparcialidade.
» Análise dos princípios da independência, da autonomia, da competência, da oralidade, da informalidade, da decisão informada, da boa-fé, da busca do consenso, do respeito à ordem pública e às leis vigentes, do empoderamento e da validação.

Após o estudo deste capítulo, você será capaz de:

1. aprofundar-se no microssistema legal da mediação para extrair os princípios aplicáveis à conciliação e à mediação;
2. depreender do Código de Ética de Conciliadores e Mediadores Judiciais alguns comportamentos e posturas esperados e desejados para o facilitador;
3. ter um panorama geral dos princípios da conciliação e da mediação, identificando em qual diploma legal se encontram;
4. compreender as limitações, as peculiaridades e a importância dos princípios da imparcialidade e da confidencialidade.

4.1 Princípios formadores da mediação e da conciliação e da atuação do conciliador e do mediador

As fontes das quais brotam os princípios da conciliação e da mediação estão no já exaustivamente analisado **microssistema legal da mediação**. Nesse sentido, precisamos nos referir mais uma vez à Lei da Mediação (Lei Federal n. 13.140, de 26 de junho de 2015), ao Código de Processo Civil (CPC/2015) e ao Código de Ética de Conciliadores e Mediadores Judiciais (Anexo III da Resolução CNJ n. 125/2010).

A **Lei da Mediação** aborda os princípios aplicáveis aos meios extrajudiciais de solução de conflitos (Mescs) já em seu art. 2º, e podemos assumir que esses princípios se aplicam tanto à mediação judicial quanto à extrajudicial. Também considerada o marco civil da mediação, essa lei foi sancionada com o intuito de regular todas as modalidades de autocomposição, com exceção da arbitragem, que tem lei própria (Lei n. 9.307, de 23 de setembro de 1996).

O **Código de Ética de Conciliadores e Mediadores Judiciais**, como o próprio nome sugere, aplica-se sobretudo à mediação judicial, muito embora facilitadores particulares ou vinculados a câmaras privadas de mediação devam observar os princípios de maneira idêntica. A estes são aplicadas as mesmas regras relativas à suspeição e ao impedimento na condução das audiências (art. 7º, parágrafo 6º, Resolução CNJ n. 125/2010).

Lógica parelha deve ser imposta na análise dos princípios da mediação arrolados no **Código de Processo Civil (CPC)**, o qual, apesar de tratar de forma mais ampla da conciliação e da mediação judicial, também elenca princípios comuns a facilitadores escolhidos pelas partes e câmaras privadas de mediação.

Atenção: a Lei da Mediação, o CPC/2015 e o Código de Ética de Conciliadores e Mediadores Judiciais têm rol próprio de princípios da mediação.

Alguns dos princípios da mediação se repetem nos três diplomas legais; outros, não. Outros ainda, apesar de idênticos ou sinônimos, aparecem com terminologias diferentes. Todavia, antes de se excluírem mutuamente, esses princípios, em grau maior ou menor, complementam-se e devem ser interpretados no seu conjunto.

A lista completa dos princípios se encontra no quadro a seguir. As linhas em destaque indicam os princípios comuns ao microssistema legal da mediação.

Quadro 4.1 – Princípios da conciliação e da mediação em diferentes diplomas legais

Lei da Mediação (2015)	Código de Processo Civil (CPC/2015)	Código de Ética de Conciliadores e Mediadores Judiciais (2010)
Confidencialidade	**Confidencialidade**	**Confidencialidade**
Imparcialidade Isonomia	**Imparcialidade**	**Imparcialidade**
Autonomia	Independência	
Autonomia da vontade das partes	Autonomia da vontade	
Oralidade	Oralidade	
Informalidade	Informalidade	
	Decisão informada	Decisão informada
Boa-fé		
Busca do consenso		
		Competência
		Respeito à ordem pública e às leis vigentes
		Empoderamento
		Validação

Agora, vamos analisar cada um desses princípios, a começar pelos que são comuns às três fontes principiológicas.

4.2 Princípio da confidencialidade

Em geral, estabelecer uma hierarquia de princípios costuma ser exercício inglório, e não raro corremos o risco de cometer alguma injustiça, já que cada um dos princípios tem uma importância intrínseca.

Contudo, quando o assunto é a confidencialidade, podemos dizer que esse princípio é a pedra angular do microssistema legal da mediação e do próprio conceito de meios extrajudiciais de solução de conflitos (Mescs).

A confidencialidade aparece no rol de princípios do Código de Ética de Conciliadores e Mediadores Judiciais, da Lei da Mediação e do CPC/2015.

No Código de Ética de Conciliadores e Mediadores Judiciais consta sua definição legal: "dever de manter sigilo sobre todas as informações obtidas na sessão, salvo autorização expressa das partes, violação à ordem pública ou às leis vigentes, não podendo ser testemunha do caso, nem atuar como advogado dos envolvidos, em qualquer hipótese" (CNJ, 2010).

Portanto, a confidencialidade é sobretudo um **dever**. E isso impõe ao facilitador a obrigação de guardar para si as informações que lhe são confidenciadas pelas partes.

A Lei da Mediação, por sua vez, traz o entendimento de que esse dever de confidencialidade não se estende apenas ao facilitador, mas também a partes, prepostos, advogados, assessores técnicos e outras pessoas que tenham participado do procedimento de mediação direta ou indiretamente (Brasil, 2015b). O princípio em questão se aplica aos temas listados nos incisos I a IV do parágrafo 1º do art. 30:

> I – declaração, opinião, sugestão, promessa ou proposta formulada por uma parte à outra na busca de entendimento para o conflito;
>
> II – reconhecimento de fato por qualquer das partes no curso do procedimento de mediação;
>
> III – manifestação de aceitação de proposta de acordo apresentada pelo mediador;

IV – documento preparado unicamente para os fins do procedimento de mediação. (Brasil, 2015b)

Por fim, o CPC/2015, em seu art. 166, parágrafos 1º e 2º, reafirma o entendimento da aplicação do princípio da confidencialidade:

> Art. 166. [...]
>
> § 1º A confidencialidade estende-se a todas as informações produzidas no curso do procedimento, cujo teor não poderá ser utilizado para fim diverso daquele previsto por expressa deliberação das partes.
>
> § 2º Em razão do dever de sigilo, inerente às suas funções, o conciliador e o mediador, assim como os membros de suas equipes, não poderão divulgar ou depor acerca de fatos ou elementos oriundos da conciliação ou da mediação. (Brasil, 2015a)

A autorização expressa das partes para divulgação de informações pode aparecer no texto da ata da audiência ou sessão de conciliação ou mediação, em que são redigidos os termos do acordo apenas com as informações reciprocamente autorizadas e que podem constar nesse documento.

Caso a audiência não resulte em acordo, os motivos que impediram a autocomposição via de regra não são mencionados, mas podem ser objeto de declaração comum às partes se elas assim quiserem.

Outro momento em que podem ser divulgadas informações se dá na realização das reuniões individuais (também chamadas de *reuniões privadas* ou, na terminologia inglesa, *caucus*).

Apenas as informações que uma parte autorizar podem ser divulgadas para a outra parte no retorno da reunião individual, conforme previsto no art. 31 da Lei da Mediação.

Veremos como a reunião individual pode ajudar a chegar a um acordo quando tratarmos das etapas procedimentais da conciliação e da mediação.

4.2.1 Limites da confidencialidade

O art. 30 da Lei da Mediação reafirma a confidencialidade em relação ao facilitador, às partes e a terceiros não participantes do procedimento de mediação, "não podendo [toda e qualquer informação relativa ao procedimento de mediação] ser revelada sequer em processo arbitral ou judicial salvo se as partes expressamente decidirem de forma diversa ou quando sua divulgação for exigida por lei ou necessária para cumprimento de acordo obtido pela mediação" (Brasil, 2015b).

Portanto, declarações, informações, opiniões e outras falas trazidas em audiências de mediação, a rigor, não podem ser utilizadas como meio de prova em processos judiciais e arbitrais sem que tenha havido autorização recíproca e expressa para a sua divulgação.

> A consensualidade e a autorização prévia e expressa são fundamentais para se permitir a divulgação de informações confidenciais, à exceção da regra prevista no parágrafo 3º do art. 30 da Lei da Mediação: "Não está abrigada pela regra de confidencialidade a informação relativa à ocorrência de crime de ação pública" (Brasil, 2015b).

Em outras palavras, se uma das partes confessar ter cometido algum crime sujeito a ação penal pública – cujo titular é o Ministério Público –, o conciliador ou o mediador não estará obrigado a manter a confidencialidade. Nesse caso, é preciso observar o art. 8º da Lei da Mediação, que equipara o facilitador a servidor público para fins penais, bem como o art. 66 da Lei n. 3.688, de 3 de outubro de 1941 (Lei das Contravenções Penais), a qual prevê a chamada **notícia-crime obrigatória**:

> Art. 66. Deixar de comunicar à autoridade competente:
>
> I – crime de ação pública, de que teve conhecimento no exercício de função pública, desde que a ação penal não dependa de representação; [...] (Brasil, 1941)

Dessa forma, se o facilitador tomar ciência de algum crime de ação penal pública durante o procedimento de conciliação ou de mediação, estará obrigado a denunciá-lo por ser equiparado a um servidor público. Se não fizer isso, o facilitador poderá responder na esfera penal e administrativa.

A ação penal pública, cujo autor é sempre o Ministério Público, divide-se em condicionada e incondicionada.

São exemplos de crimes de **ação penal pública condicionada por representação** (ações em que o Ministério Público só atua quando a vítima ou o denunciante levam o fato ao conhecimento da autoridade pública), conforme o Código Penal de 1940: ameaça (art. 147), perigo de contágio venéreo (art. 130) e violação de correspondência comercial (art. 152).

Como exemplos de crimes de **ação penal pública incondicionada** (ações em que o Ministério Público tem o dever de atuar ainda que a vítima ou o representante legal não levem o fato ao conhecimento da autoridade pública e não queiram que o agressor seja punido), conforme o Código

> Penal de 1940, podemos citar: estelionato (art. 171), estupro (art. 213), homicídio (art. 121) e roubo (art. 157).

A importância da confidencialidade se explica pelo fato de que ela dá às partes uma garantia mínima de que os assuntos abordados na audiência de mediação não serão divulgados nem poderão ser utilizados como prova em processo judicial (há poucas exceções a essa regra, como acabamos de ver).

Em um caso no qual o tema sejam as contas de uma empresa em dificuldades financeiras, o sigilo das informações acerca da situação econômica da empresa pode ser um diferencial para uma possível abertura ao diálogo com vistas a se chegar a um acordo de pagamento com parcelas diferenciadas, por exemplo.

Em outros casos, o sigilo garantido na audiência permite que assuntos que não são necessariamente objeto de uma ação judicial sejam abordados sem maiores constrangimentos. O exemplo mais significativo nesse sentido são as mediações familiares em casos de divórcio, nas quais muitas vezes um simples pedido de desculpas pode ser o diferencial para a confecção de um acordo amigável quanto à partilha e à guarda dos filhos. Porém, lembre-se: um juiz pode fazer a divisão dos bens e determinar regras para guarda e visita, mas não pode obrigar ninguém a pedir desculpas a outra pessoa.

Por fim, convém observar que a confidencialidade é tão importante que se constitui em um dos princípios explicados já na declaração de abertura da Lei da Mediação.

4.3 Princípio da imparcialidade

A imparcialidade e a confidencialidade são os únicos princípios reproduzidos integralmente no microssistema da mediação.

Não há exagero em dizer que, sem um facilitador imparcial e que saiba guardar e preservar a confidencialidade, simplesmente não há mediação ou não há motivos para a sua existência.

O Código de Ética de Conciliadores e Mediadores Judiciais assim define o princípio da imparcialidade em seu art. 1º:

> IV – Imparcialidade - dever de agir com ausência de favoritismo, preferência ou preconceito, assegurando que valores e conceitos pessoais não interfiram no resultado do trabalho, compreendendo a realidade dos envolvidos no conflito e jamais aceitando qualquer espécie de favor ou presente. (CNJ, 2010)

A imparcialidade, portanto, dialoga com a própria noção de justiça, equidistante das partes e sem posições predefinidas. No caso da conciliação ou da mediação, a diferença é que não é o conciliador ou o mediador que vai "aplicar" a justiça, como faria um juiz ou um árbitro; como facilitador, o conciliador ou o mediador está lá para auxiliar o diálogo e permitir que a noção de justiça emane das próprias partes, manifestada por um acordo justo, adequado e efetivo.

Para tanto, a postura do conciliador e do mediador deve ser de um ouvinte ativo, sem fazer juízo de valor dos assuntos tratados na audiência, buscando sempre distribuir o tempo e as oportunidades de fala igualmente entre as partes.

4.3.1 Impedimento e suspeição

Vimos que o conciliador ou o mediador é equiparado a um servidor público para fins penais quando atua como facilitador.

O art. 5º da Lei da Mediação, por sua vez, equipara o facilitador a um juiz no que se refere ao impedimento e à suspeição. Por **impedimento** entendemos uma causa que impede definitiva e objetivamente o juiz de atuar de forma imparcial no processo; já a **suspeição** é uma causa subjetiva, de presunção relativa, que pode afetar temporariamente a parcialidade do juiz.

As **causas de impedimento** estão previstas no art. 144 do CPC, entre as quais destacamos:

» ter atuado previamente no processo como representante da parte, membro do Ministério Público, oficiado como perito ou prestado depoimento como testemunha (art. 144, I);
» julgar processos em que sejam parte ele próprio ou seu cônjuge ou companheiro, ou parente consanguíneo ou afim, direto ou colateral, até o terceiro grau (art. 144, III);
» ser sócio ou membro de pessoa jurídica parte no processo (art. 144, V);
» ser herdeiro, donatário ou empregador de uma das partes (art. 144, VI);
» quando uma das partes for instituição de ensino com a qual tenha vínculo como docente (art. 144, VII);
» quando uma das partes for cliente do escritório de cônjuge, companheiro ou parente, consanguíneo ou afim, direto ou colateral, até o terceiro grau (art. 144, VIII).

As **causas suspensivas** estão arroladas no art. 145 do CPC/2015. São elas:

» ser amigo íntimo ou inimigo das partes ou dos advogados (art. 145, I);
» ter recebido presentes de pessoas interessadas na causa antes ou depois de iniciado o processo (art. 145, II);
» julgar processos de partes que lhe sejam credoras ou devedoras, do próprio juiz ou de seu cônjuge ou companheiro,

ou de parente consanguíneo ou afim, direto ou colateral, até o terceiro grau (art. 145, III);

» manter interesse no julgamento do processo em favor de qualquer parte (art. 145, IV).

Por se tratar de situações que afetam diretamente a imparcialidade do facilitador, a Lei da Mediação destacou, no parágrafo único do art. 5º, que o conciliador e o mediador têm "o dever de revelar às partes, antes da aceitação da função, qualquer fato ou circunstância que possa suscitar dúvida justificada em relação à sua imparcialidade para mediar o conflito, oportunidade em que poderá ser recusado por qualquer delas" (Brasil, 2015b).

Por isso, assim como é fundamental esclarecer logo na declaração de abertura que o procedimento de conciliação e mediação é regido pela confidencialidade, tem igual importância mencionar o fato de que o facilitador buscará a imparcialidade a todo custo, revelando às partes possíveis conflitos de interesse, suspeições e impedimentos.

4.4 Princípios da independência, da autonomia, da competência, da oralidade e da informalidade

No Código de Ética de Conciliadores e Mediadores, os princípios da **independência** e da **autonomia** aparecem conjuntamente como um princípio único, assim definido no inciso V do art. 1º: "dever de atuar com liberdade, sem sofrer qualquer pressão interna ou externa, sendo permitido recusar, suspender ou interromper a sessão se ausentes as condições necessárias para seu bom desenvolvimento, tampouco havendo dever de redigir acordo ilegal ou inexequível" (CNJ, 2010).

Observa-se que esse princípio, nos termos anteriormente expostos, refere-se à conduta do facilitador, que deve ser independente e autônoma com vistas à boa condução dos trabalhos. O mesmo vale para o princípio da **competência** (art. 1º, III, Código de Ética), que diz respeito à qualificação técnica do facilitador, com formação sólida e reciclagem contínua.

Já a **autonomia** aparece de forma destacada tanto na Lei da Mediação quanto no CPC. No art. 2º da Lei da Mediação, há uma qualificação mais adequada para esse princípio: *autonomia da vontade das partes*. Isso significa que deve haver sobretudo uma voluntariedade recíproca na negociação.

Em outras palavras, as partes devem estar dispostas e querer negociar. A voluntariedade é condição essencial tanto para a conciliação quanto para a mediação, muito embora, como já abordamos, ao menos nas conciliações e mediações judiciais esse princípio seja mitigado por conta da escolha feita pelo legislador processual civil em dar um incentivo positivo (um empurrãozinho ou *nudge*) para que as partes tentem a autocomposição na etapa inicial do processo.

A **oralidade** e a **informalidade**, princípios contidos no art. 166, incisos III e IV, do CPC, buscam evitar formalismos e burocracias desnecessárias para a criação de um ambiente propício para a negociação. Contudo, não devemos confundir informalidade com falta de seriedade. O que se quer dizer, nesse caso, é que o procedimento, apesar de sério, não precisa ser sisudo. Um ambiente acolhedor e pessoas dispostas a tentar uma autocomposição devem ser sempre facilitados e incentivados. A oralidade, por sua vez, é fundamental na conciliação e na mediação, pois a verbalização permite que interesses, posições e sentimentos sejam mais bem explorados, sem a frieza do papel e com o calor que surge na mesa de negociação.

4.5 Demais princípios da mediação

Nas seções anteriores, direcionamos nossa análise para os princípios aplicáveis à conciliação e à mediação que mais se repetem e mais bem explicados estão no microssistema legal da mediação.

Agora, vamos direcionar nossa atenção para os demais princípios: decisão informada, boa-fé, busca do consenso, respeito à ordem pública e às leis vigentes, empoderamento e validação.

A **decisão informada** é definida no Código de Ética dos Conciliadores e Mediadores Judiciais como "dever de manter o jurisdicionado plenamente informado quanto aos seus direitos e ao contexto fático no qual está inserido" (CNJ, 2010). Ou seja, o facilitador não pode chancelar um acordo sem estar plenamente ciente de que as partes conhecem plenamente seus termos e possíveis repercussões e resultados obtidos com a celebração do acordo.

A **boa-fé** (art. 2º, VIII, Lei da Mediação), por sua vez, decorre da aplicação do art. 5º do CPC, o qual impõe às partes de um processo o dever de se comportar de acordo com esse princípio, lembrando-se do antigo brocardo jurídico de que a boa-fé se presume, ao passo que a má-fé se comprova.

A **busca do consenso** (art. 2º, VI, Lei da Mediação) é a meta final da atuação do facilitador, mas devemos destacar que o consenso não deve nem pode ser buscado a qualquer custo.

Uma das regras de ouro da mediação expressa no Código de Ética é exatamente a ausência de obrigação de resultado: "dever de não forçar um acordo e de não tomar decisões pelos envolvidos, podendo, quando muito, no caso da conciliação, criar opções, que podem ou não ser acolhidas por eles" (CNJ, 2010).

O **respeito à ordem pública e às leis vigentes** é definido pelo Código de Ética como "dever de velar para que eventual acordo entre os envolvidos não viole a ordem pública, nem contrarie as leis vigentes" (CNJ, 2010).

Por fim, o Código de Ética estabelece ainda os princípios do **empoderamento** (art. 1º, VII) e da **validação** (art. 1º, VIII). O empoderamento é o "dever de estimular os interessados a aprenderem a melhor resolverem seus conflitos futuros em função da experiência de justiça vivenciada na autocomposição" (CNJ, 2010), enquanto a validação é o "dever de estimular os interessados perceberem-se reciprocamente como serem humanos merecedores de atenção e respeito" (CNJ, 2010).

PARA SABER MAIS

GUILHERME, L. F. do V. de A. **Manual dos MESCs**: meios extrajudiciais de solução de conflitos. Barueri: Manole, 2016.

Trata-se de um excelente material didático para quem pretende se reciclar profissionalmente ou começar a atuar não só com a conciliação e a mediação, mas também com a arbitragem.

MOURÃO, A. N. (Coord.). **Resolução de conflitos**: fundamentos da negociação para o ambiente jurídico. São Paulo: Saraiva, 2014. (Série GVLaw).

Esse livro é um guia didático e acessível destinado a estudantes e advogados que buscam uma formação teórica e prática dos princípios que norteiam a negociação.

Síntese

Neste quarto capítulo, exploramos os princípios da mediação que aparecem no Código de Ética de Conciliadores e Mediadores Judiciais (Anexo III da Resolução CNJ n. 125/2010), na Lei da Mediação e no CPC vigente.

Os princípios da autonomia, da boa-fé, da busca do consenso, da competência, da confidencialidade, da decisão informada, do empoderamento, da imparcialidade, da independência, da informalidade, da isonomia, da oralidade, do respeito à ordem pública e às leis vigentes e da validação podem aparecer nos três diplomas que constituem o microssistema legal da mediação com formas e terminologias diferentes, porém a aplicação e a interpretação devem ser consideradas complementares, e não excludentes.

Questões para revisão

1) Sobre o princípio da confidencialidade, é correto afirmar:

   a. Aplica-se apenas ao facilitador, e sua violação não acarreta qualquer sanção ou penalidade.
   b. Pode ser resumido como dever de sigilo aplicável tanto ao facilitador quanto às partes, sobre todas as informações reveladas na sessão, só podendo ser quebrado mediante autorização expressa das partes ou nos casos de violação à ordem pública ou às leis vigentes.
   c. É lícito ao advogado utilizar as informações reveladas pela outra parte, em uma sessão de conciliação, para fundamentar a contestação à petição inicial.
   d. Por pertencer ao senso comum, o CNJ recomenda ao facilitador que não mencione, sob hipótese alguma, a

aplicação do princípio da confidencialidade na abertura da sessão de conciliação ou de mediação.

e. A confidencialidade pode ser violada a qualquer tempo, por qualquer uma das partes, desde que haja motivo irrelevante.

2) Assinale a alternativa que **não** se encontra listada entre os princípios que regem a mediação e a conciliação:

a. Competência e validação.
b. Independência e autonomia.
c. Oralidade e informalidade.
d. Informalidade e imparcialidade.
e. Solenidade e formalidade.

3) Sobre os princípios que regem a mediação e a conciliação, é **incorreto** afirmar:

a. Até o presente momento, não houve a publicação em lei ou ato normativo de qualquer norma que contenha os princípios da mediação e da conciliação, motivo pelo qual essas técnicas caíram em desuso.
b. Podem ser encontrados no microssistema legal da mediação, composto pela Lei da Mediação, pelo CPC/2015 e pelo Anexo III da Resolução CNJ n. 125/2010, que traz o Código de Ética de Conciliadores e Mediadores Judiciais.
c. Os princípios da confidencialidade e da imparcialidade são os únicos que estão previstos de forma idêntica na Lei da Mediação, no CPC/2015 e no Código de Ética de Conciliadores e Mediadores Judiciais.
d. A leitura e a interpretação dos princípios arrolados na Lei da Mediação, no CPC/2015 e no Código de Ética

de Conciliadores e Mediadores Judiciais devem ser feitas de forma integrativa e complementar.

e. Para além da confidencialidade e da imparcialidade, os outros princípios aplicáveis à conciliação e à mediação são: autonomia da vontade, independência, oralidade, informalidade, decisão informada, boa-fé, busca do consenso, competência, respeito à ordem pública e às leis vigentes, empoderamento e validação.

4) Quanto aos limites do princípio da confidencialidade, julgue as alternativas como verdadeiras (V) ou falsas (F):

( ) Toda e qualquer informação relativa ao procedimento de mediação será confidencial em relação a terceiros, não podendo ser revelada sequer em processo arbitral ou judicial, salvo se as partes expressamente decidirem de forma diversa ou quando sua divulgação for exigida por lei ou necessária para cumprimento de acordo obtido pela mediação.

( ) O dever de confidencialidade aplica-se ao mediador, às partes, a seus prepostos, advogados, assessores técnicos e a outras pessoas de sua confiança que tenham, direta ou indiretamente, participado do procedimento de mediação.

( ) Não está abrigada pela regra de confidencialidade a informação relativa à ocorrência de crime de ação pública.

( ) O princípio da confidencialidade pode alcançar não só, mas também: declarações, opiniões, sugestões, promessas ou propostas formuladas por uma parte a outra na busca de entendimento para o conflito.

( ) O facilitador pode ser testemunha do caso quando convir e pode atuar como advogado de um ou ambos os envolvidos em qualquer hipótese, desde que tenha a concordância expressa das partes.

Agora, assinale a alternativa que apresenta a sequência obtida:

a. V, V, F, F, F.
b. V, V, V, F, F.
c. V, V, V, V, F.
d. F, F, V, V, F.
e. V, F, V, F, F.

5) Sobre o princípio da imparcialidade, assinale a alternativa **incorreta**:

a. No curso de sua atuação, o facilitador é equiparado ao magistrado quanto ao impedimento e à suspeição.
b. O facilitador tem o dever de revelar às partes, antes de aceitar o encargo ou logo na declaração de abertura, qualquer fato ou circunstância que possa suscitar dúvida razoável sobre sua imparcialidade para mediar o conflito.
c. Se o facilitador revelar algum fato ou circunstância que suscite dúvida justificada sobre sua imparcialidade, as partes podem recusar, conjunta ou separadamente, a atuação desse facilitador.
d. É permitido a um facilitador mediar conflito em que uma das partes tenha relações de parentesco de segundo grau, sem a necessidade de alertar a outra parte da existência desse vínculo.
e. Se o facilitador observar alguma causa de impedimento para mediar o conflito, deverá informá-la às partes tão logo possível e suspender o ato até que outro facilitador seja designado.

QUESTÃO PARA REFLEXÃO

1) A Escola Nacional de Formação e Aperfeiçoamento de Magistrados (Enfam) publica periodicamente enunciados que ajudam juízes, auxiliares da justiça e operadores do direito a se orientarem em alguns temas.

Em 2015, cerca de 500 magistrados aprovaram 62 enunciados relacionados à conciliação e à mediação no seminário *O Poder Judiciário e o novo CPC*, realizado entre 26 e 28 de agosto daquele ano.

O Enunciado 62 da Enfam traz em seu bojo a importância do princípio da confidencialidade na mediação e, por isso, vale a pena reproduzi-lo aqui: "O conciliador e o mediador deverão advertir os presentes, no início da sessão ou audiência, da extensão do princípio da confidencialidade a todos os participantes do ato" (Enfam, 2015, p. 6).

A confidencialidade é um princípio conhecido por advogados, mas não tanto por pessoas sem formação jurídica. Como conciliador ou mediador, como você explicaria – tanto de forma técnica quanto em linguagem mais coloquial – a importância da confidencialidade para um advogado e para uma pessoa leiga?

> Você pode conferir a íntegra dos enunciados da Enfam neste *link*:
> ENFAM – Escola Nacional de Formação e Aperfeiçoamento de Magistrados. **Seminário – O Poder Judiciário e o novo Código de Processo Civil**: enunciados aprovados. 2015. Disponível em: <https://www.enfam.jus.br/wp-content/uploads/2015/09/ENUNCIADOS-VERS%C3%83O-DEFINITIVA-.pdf>. Acesso em: 27 abr. 2023.

V

Procedimentos da conciliação e da mediação: da preparação à realização das sessões individuais

CONTEÚDOS DO CAPÍTULO

» Aplicação técnica dos meios extrajudiciais de solução de conflitos (Mescs) em situações que, vinculadas a um processo judicial ou não, podem ter efeitos jurídicos e ajudar a pacificar a sociedade e a melhorar a vida das pessoas.
» Etapas comuns aos procedimentos da mediação e da conciliação.

APÓS O ESTUDO DESTE CAPÍTULO, VOCÊ SERÁ CAPAZ DE:

1. reconhecer as etapas dos procedimentos da conciliação e da mediação;
2. preparar-se com antecedência para uma sessão de conciliação ou de mediação como facilitador, como parte ou como advogado;

3. compreender os requisitos necessários para fazer uma boa declaração de abertura ou para bem compreendê-la, caso participe de uma sessão de conciliação ou de mediação como parte ou advogado;
4. entender a ordem dos relatos das partes e a importância de garantir a confidencialidade e a imparcialidade durante todo o procedimento;
5. identificar quando é necessário pedir ou atender a um pedido de reunião individual ou particular, ou *caucus*, nos casos em que haja informações confidenciais ou quando uma das partes não esteja completamente à vontade para revelar todas as informações necessárias para o deslinde da controvérsia.

5.1 Procedimentos comuns à conciliação e à mediação

Nos capítulos anteriores, tratamos de uma temática em que muitas pessoas relatam ter alguma dúvida ou dificuldade: a diferença entre a conciliação e a mediação.

Apesar de serem, por vezes, utilizadas indistintamente como técnicas sinônimas, elas não se equivalem inteiramente. Vimos uma explicação extraída do Código de Processo Civil (CPC/2015) no sentido de que a atuação do conciliador e do mediador seria uma pista inicial para estipularmos a diferença entre uma e outra.

Vale relembrar que, na conciliação, o facilitador atua em casos em que não haja vínculos prévios entre as partes (art. 165, parágrafo 2º, CPC/2015); na mediação, esse vínculo é prévio ou duradouro (art. 165, parágrafo 3º, CPC/2015).

A (in)existência de vínculo prévio entre as partes é, portanto, uma **pista inicial** sobre a diferença entre a conciliação e a mediação. Porém, os parágrafos 2º e 3º do art. 165 do CPC apresentam mais detalhes dessa distinção.

O conciliador, por atuar em casos mais "simples", em que as partes estejam reunidas apenas por um conflito passageiro ou fruto do caso (uma ação de reparação de danos materiais após um acidente de trânsito sem gravidade, por exemplo), está autorizado a sugerir soluções (art. 165, parágrafo 2º, CPC/2015), apesar de lhe ser vedada qualquer intimidação ou constrangimento para forçar as partes a aceitar uma proposta de acordo.

Assim, o conciliador teria uma "autonomia" maior para sugerir saídas possíveis para um caso mais simples e pontual, em que a relação entre as partes exista apenas por conta de um litígio que pode ser resolvido sem preocupações vindouras referentes a uma relação futura. No exemplo do acidente de trânsito, as partes querem apenas chegar a uma solução justa e efetiva, e é provável que, após o cumprimento do acordo, elas sequer tenham interesse em se ver ou conversar.

Situação diversa é a da mediação, em que o vínculo prévio existe e exige do mediador uma cautela maior. Tanto é assim que uma das preocupações do facilitador, nesse caso, é restabelecer a comunicação como pré-requisito para se criar um ambiente acolhedor e propício para que as partes identifiquem, por si mesmas, as soluções que possam gerar benefícios mútuos (art. 165, parágrafo 3º, CPC/2015).

A diferença entre a conciliação e a mediação decorre da existência de vínculo prévio entre as partes (se houver, será caso de mediação; se não houver, será caso de conciliação) e da atuação do facilitador, que é um pouco mais "autônoma" na conciliação (o facilitador pode sugerir alternativas) ou

> mais prudente na mediação (o facilitador deve buscar, antes de tudo, o restabelecimento da comunicação entre as partes).

No mais, as etapas dos procedimentos aplicáveis tanto à conciliação quanto à mediação são idênticas.

Seguiremos a classificação em seis etapas adotada pelo *Manual de mediação judicial* do Conselho Nacional de Justiça (CNJ) (Azevedo, 2016), a saber:

1. abertura;
2. relatos das partes;
3. resumo de questões, interesses e sentimentos;
4. esclarecimento de controvérsias e interesses;
5. resolução de questões;
6. registro das soluções encontradas.

5.1.1 Processo × procedimento, audiência × sessão

A doutrina jurídica estabelece uma diferença entre processo e procedimento, ainda que esses conceitos estejam intimamente interligados na prática jurídica.

De maneira breve, as definições geralmente gravitam em torno da compreensão de **processo** como método para resolver o litígio valendo-se do Poder Judiciário e de **procedimento** como uma sequência lógica de etapas a serem percorridas do início (petição inicial) do processo até o seu fim (decisão final transitada em julgado).

Dessa forma, para utilizarmos a terminologia correta, vamos considerar as etapas da conciliação e da mediação como **procedimento** próprio, regulado pela Lei da Mediação (arts. 14 a 23).

É importante destacar que, diferentemente de um processo judicial, em que os procedimentos são rígidos e previstos em lei, na conciliação e na mediação o facilitador tem uma flexibilidade maior quanto à condução dos trabalhos, podendo adiar ou redesignar as sessões se verificar que uma das partes está disposta a negociar, mas necessita de mais tempo ou, ainda, nos casos em que precisa chamar uma das partes individualmente para uma reunião privada (sessão individual ou *caucus*).

De rigidez propriamente dita, temos apenas as duas pontas do procedimento, que são obrigatórias: a **declaração de abertura** e a **redação da ata de sessão**, independentemente de o resultado obtido ser positivo (houve acordo) ou negativo (não houve acordo).

Por fim, a doutrina mais ligada ao estudo dos meios extrajudiciais de solução de conflitos (Mescs) prefere o termo *sessão* a *audiência*. Ao serem intimadas para uma audiência, as partes podem ter a impressão de que estão sendo convocadas para depor diante de um juiz, o que não é verdade. No entanto, na prática, os dois termos acabam sendo usados indistintamente.

O facilitador tem mais chances de conquistar a confiança das partes e de inseri-las no ambiente da mediação quando ele não se apresenta como uma autoridade.

5.2 Preparação para a sessão de conciliação ou de mediação

O art. 4º da Lei da Mediação deixa claro que o facilitador pode ser escolhido pelas partes ou, na ausência de uma escolha direta, será designado pelo tribunal (se o procedimento for judicial ou pré-processual) ou pela câmara privada de conciliação ou mediação, nos casos extrajudiciais. Como já mencionamos, isso se as próprias partes não tiverem feito uma escolha atual ou anterior, a exemplo do que geralmente ocorre nos contratos que preveem a cláusula de mediação. Trataremos desse assunto no capítulo de encerramento desta obra.

Todavia, antes mesmo de se encontrar com as partes, é importante que o facilitador entenda quais posturas são esperadas dele na condução da sessão. Podemos ter uma ideia indireta desse comportamento desejado e adequado ao examinarmos o "Formulário de Avaliação para Certificação de Mediadores", utilizado pelo CNJ para avaliar candidatos a mediador na parte prática do curso de formação (Azevedo, 2016).

Vejamos algumas dessas características indicadas no referido formulário.

Quadro 5.1 – Formulário de Avaliação para Certificação
de Mediadores

Qualidades pessoais
Aparência e vestimenta apropriadas.
Desenvolveu *rapport* e confiança e transmitiu uma perspectiva positiva.
Aparentou confiança e controle emocional.
Mostrou-se preocupado com o conforto físico e emocional das partes.
Qualidades profissionais
Planejou com antecedência a sessão juntamente com o comediador [quando aplicável].
Demonstrou consciência dos princípios éticos envolvidos na mediação.
Manteve a neutralidade, a imparcialidade e a objetividade.
Evitou dar conselhos, pressionar e julgar.
Demonstrou respeito por diferentes valores e estilos de vida das partes.
Demonstrou habilidade em lidar com o comediador, com as partes e seus advogados
Habilidades comunicativas
Demonstrou postura, gestos e contato visual apropriados.
Demonstrou uso da voz, tom, volume e clareza apropriados.
Demonstrou conteúdo verbal e momento de intervenção apropriados.
Demonstrou capacidade de escutar ativamente de maneira apropriada.
Demonstrou boas habilidades de parafraseamento e reenquadramento.
Demonstrou capacidade de fazer perguntas de forma adequada.
Habilidades contingenciais
Administrou situações de impasse, resistência ou comportamento difíceis.
Administrou situações de desequilíbrio de poder com técnicas apropriadas.
Administrou situações de emoção intensa.
Demonstrou flexibilidade por meio de estratégias criativas.

Fonte: Elaborado com base em Azevedo, 2016, p. 378-380.

Com tais habilidades e competências, é hora de preparar o ambiente. Se a sessão for presencial, o facilitador deve se certificar de que a sala seja silenciosa, bem iluminada, guarnecida de móveis confortáveis e com amenidades (café, suco, balas, confeitos etc.) à disposição das partes.

O manual do CNJ sugere três modos possíveis de dispor as cadeiras para transmitir igualdade, sem gerar uma noção de hierarquia e sem colocar as duas partes uma diante da outra. Uma assimetria ou impressão de desigualdade na disposição das cadeiras tende a gerar mais animosidade e, por isso, o indicado é que as partes fiquem equidistantes, uma ao lado da outra, e ambas defronte ao mediador.

Vejamos essas disposições na figura a seguir.

Figura 5.1 – Formas de dispor a mobília em uma sessão de mediação

Mesa redonda	Mesa retangular	Sem mesa

Fonte: Azevedo, 2016, p. 163-164.

Legenda: M: mediador (conciliador ou facilitador, aplicável a ambos); P: parte (P1 – parte 1, ou requerente; P2 – parte 2, ou requerido); A: advogado.

Sabemos, contudo, que, desde a pandemia de Covid-19, o número de reuniões virtuais tem aumentado exponencialmente. Nesses casos, o facilitador deve adotar algumas cautelas adicionais para se aproximar das partes, como fazer uma conexão de teste 15 minutos antes do início para ver se todos estão ouvindo e vendo uns aos outros de forma alta e clara.

O facilitador também precisa estar disposto a auxiliar alguma parte que não tenha muita familiaridade com as novas tecnologias ou que não tenha muito conhecimento do objeto da conciliação ou da mediação.

Para superar esse ruído de comunicação, uma recomendação é sempre verificar se todos estão "na mesma página" ou se entenderam o assunto tratado, a fim de confirmar e reafirmar o entendimento.

O facilitador deve deixar claro que um eventual auxílio mais reforçado a uma das partes com dificuldade não significa uma tomada de posição nem viola o princípio da imparcialidade.

Quanto ao mérito, ou conteúdo do objeto a ser tratado, o curso de formação do CNJ sugere ao facilitador que não mantenha muito contato com o inteiro teor dos autos (se for uma mediação judicial) ou do tema (se for uma mediação fora dos autos). Isso porque, como veremos a seguir, apesar de ser importante ter em mente alguns detalhes sobre o assunto (área do direito, partes envolvidas etc.), investigar a questão muito a fundo ou envolver-se com uma leitura extensiva e aprofundada pode afetar a imparcialidade do facilitador. O ideal é que se conheçam apenas os dados indispensáveis para a mediação e que as próprias partes, a partir dos relatos de cada uma, tragam à superfície o problema que as aflige.

5.3 Declaração de abertura

Uma vez preparada a sessão de conciliação ou de mediação e recepcionadas as partes (presencial ou virtualmente), garantindo-se um ambiente (físico ou digital) acolhedor, cordial e objetivo, é chegada a hora de se iniciar o procedimento com a declaração de abertura.

Na definição de Guilherme (2016, p. 55), a declaração de abertura "É o momento em que se explica como a conciliação [ou a mediação] se desenvolve, quais as regras que deverão ser seguidas, sempre no intuito de deixar as pessoas confortáveis e seguras quanto ao desenvolvimento da conciliação [ou da mediação]".

O art. 14 da Lei da Mediação vincula a necessidade de se ressaltar o princípio da confidencialidade logo na abertura e todas as vezes que o facilitador (conciliador ou mediador) julgar necessário (Brasil, 2015b).

Mas há também espaço para outros princípios e demais regras que vão ditar o andamento dos trabalhos.

O Centro Judiciário de Solução de Conflitos e Cidadania (Cejusc), vinculado ao Núcleo Permanente de Métodos Consensuais de Solução de Conflitos (Nupemec) do Tribunal de Justiça do Paraná, responsável pela formação de conciliadores e mediadores judiciais, tem uma lista que, apesar de não ser definitiva nem exaustiva e poder ser editada e adaptada livremente, aponta os principais aspectos a serem considerados na declaração de abertura.

Vejamos o quadro a seguir, que está no formato de *check-list*. Deixamos a sugestão para que você marque essa página ou edite um modelo próprio quando conduzir alguma sessão de conciliação ou de mediação, se for o caso.

Quadro 5.2 – Metas e especificações para a declaração de abertura

Metas	Especificações
1) Apresente-se e apresente as partes.	» Fazer cumprimentos e dizer palavras de encorajamento. » Anotar os nomes das partes para utilizar no decorrer da sessão. » Recordar-se de eventuais interações anteriores entre você e as partes.
2) Explique o papel do facilitador.	Esclarecer os princípios: » Não pode impor uma solução. » Não é juiz. » É imparcial. » É facilitador. » Ajuda os participantes a examinar e expressar metas e interesses.
3) Descreva o processo da conciliação ou da mediação.	» Informal (nenhuma regra de produção de prova). » Participação das partes e de advogados. » Oportunidade para as partes falarem. » Possibilidade de sessão individual ou privada.

(continua)

(Quadro 5.2 – conclusão)

Metas	Especificações
4) Busque adesão para que seja assegurada a confidencialidade.	» Explicar eventuais exceções.
5) Descreva as expectativas do conciliador/mediador com relação às partes.	» Trabalhar conjuntamente para tentar alcançar uma solução. » Escutar sem interrupção. » Explicar as preocupações. » Escutar a perspectiva da outra parte (alteridade). » Tentar seriamente resolver a questão. » Revelar informações relevantes às outras partes.
6) Confirme disposição para participar da conciliação.	» Validação do interesse. » Voluntariedade. » Tempo extra se necessário (telefonemas, confirmações etc.).
7) Comente sobre o papel dos advogados.	» Atuação técnica. » Primazia das partes. » Art. 48, parágrafo 5º, do Código de Ética e Disciplina da OAB (vedada a redução de honorários em caso de solução extrajudicial).
8) Descreva o processo a ser seguido.	» Tempo. » Ordem dos relatos (em geral, o requerente começa). » Perguntas e dúvidas. » Validação final.

Fonte: Elaborado com base em Azevedo, 2016.

Apesar de não haver rigorosamente um controle de tempo, sugere-se que a declaração de abertura seja objetiva e perdure por um período aproximado de cinco minutos. Sobre o aspecto temporal, o manual do CNJ recomenda o seguinte:

> Para um adequado desenvolvimento de técnicas autocompositivas, **sugere-se que o tempo mínimo planejado para cada mediação seja de duas horas. Vale ressaltar que em conciliações não se mostra recomendável que se proceda em menos de 40 minutos.** Isso porque em conciliações realizadas em menos de 15 minutos o conciliador somente tem tempo para se apresentar, ouvir resumidamente as partes e apresentar

uma proposta de solução – que se considera, como indicado anteriormente, uma forma excessivamente precária de se conduzir uma autocomposição. (Azevedo, 2016, p. 167, grifo nosso)

A validação constante é de suma importância nesta e nas demais etapas e pode ser realizada por meio de perguntas como "Todos de acordo?", "Seria isso?" etc.

Uma vez que o procedimento da conciliação e da mediação é voltado sobretudo para as partes, convém enfatizar que, sem prejuízo da atuação técnica de advogados, há a primazia das partes. O facilitador deve mencionar que, de acordo com o Código de Ética e Disciplina da OAB, os honorários advocatícios não podem ser reduzidos caso a solução para o litígio venha por um acordo feito extrajudicialmente (OAB, 2015). Esse dispositivo foi inserido no Código de Ética justamente para incentivar os advogados a se valerem com mais frequência dos Mescs.

Por fim, e apenas a título exemplificativo, o quadro anterior teria mais ou menos o seguinte aspecto caso fosse aplicado em um texto de declaração de abertura:

> Olá a todos! Meu nome é Thiago, sou conciliador/mediador e gostaria de registrar primeiramente os cumprimentos a vocês que estão aqui presentes, demonstrando interesse e coragem em resolver o assunto que será debatido aqui de forma objetiva e amigável.
>
> Antes de continuarmos, preciso confirmar se os nomes de vocês estão corretos. O senhor é o [Fulano de Tal], correto? A grafia é assim mesmo? Como prefere ser chamado? A senhora é a [Sicrana de Tal], confere? É essa grafia mesmo? Como gostaria de ser chamada?

[Confirme se estão confortáveis, se gostariam de tomar um copo de água, ir ao banheiro, se estão bem acomodados.]

Pelo que me lembro, esse é o nosso primeiro encontro [mencionar encontros anteriores, se for o caso]. Por isso, gostaria de explicar algo a respeito do papel do facilitador que pretendo desempenhar neste encontro.

Primeiro e o mais importante, eu não sou juiz, não posso impor uma solução a nenhum de vocês, nem vocês são obrigados a aceitar qualquer proposta ou acordo que não compreendam inteiramente ou considerem que não se constitui em uma oferta justa ou adequada.

Farei o meu melhor para agir de forma imparcial, e minha presença aqui se justifica pela missão de ajudá-los a examinar e a expressar metas, posições e interesses.

Este procedimento, apesar de ser sério e de se manter assim a todo momento, se pretende informal, isto é, vocês têm a liberdade para falar e propor aquilo que desejam, respeitadas algumas regras pontuais que vou expor a seguir.

Como já dito, eu não sou juiz nem estou aqui para defender um dos lados. A participação ativa de vocês é fundamental, vocês são os protagonistas desta sessão, então eu peço que exponham no máximo que puderem as suas expectativas e impressões relacionadas ao tema, deixando para os advogados, que também são importantes, a discussão de assuntos técnicos ou legais.

Cada um ao seu tempo, todos terão a oportunidade de falar, então peço encarecidamente que evitem interromper uns aos outros. Há folhas de papel e caneta disponíveis na mesa, e vocês podem fazer anotações enquanto a outra parte expõe seus argumentos e pontos de vista, reforçando que todo mundo terá espaço próprio e garantido.

Esta sessão também é confidencial, e o que isso quer dizer? Isso significa que tudo o que vocês disserem aqui não poderá ser publicado nem utilizado como meio de prova em uma eventual ação judicial. Significa também que eu, na condição de facilitador, não posso servir de testemunha em procedimento arbitral ou processo em favor de nenhuma das partes. Tudo o que for revelado aqui só poderá ser divulgado ou acessado por terceiros com a autorização expressa de todos vocês.

Se houver alguma informação que você acredite ser importante e que deva ser mantida confidencial, há a possibilidade de fazer uma reunião individual com cada uma das partes. Nessas reuniões apartadas, a confidencialidade também estará garantida, e só será revelado à outra parte o que você me autorizar a dizer.

Essas reuniões individuais também servem para que eu compreenda melhor a posição e os interesses de cada um de vocês; logo, tanto eu quanto vocês podemos pedir para fazer esse encontro apartado sempre que desejarmos.

Se precisarem também fazer uma pequena pausa para telefonar para alguém ou conversar melhor com o seu advogado, não há maiores restrições quanto a isso. Podemos, também, fazer mais de um encontro caso seja necessário para que encontremos alternativas e propostas efetivas para sairmos daqui com uma ata de acordo assinada e com todos vocês satisfeitos na medida do possível.

Como facilitador, eu tenho a expectativa de poder trabalhar neste encontro de forma conjunta e frutífera, para alcançarmos um entendimento recíproco. Reforço o pedido para que vocês busquem escutar o outro atentamente, sem interrupções, e expliquem da forma mais detalhada possível quais são as suas preocupações, angústias, interesses e necessidades.

Dentro do possível, permitam-se pensar de acordo com a ótica do outro. Vamos tentar resolver a questão de forma séria e informada no melhor da nossa capacidade. Ninguém é obrigado a aceitar acordo que não queira, mas este encontro é uma ótima oportunidade para ao menos tentarmos solucionar a questão de maneira rápida e efetiva.

É por isso que devo perguntar e confirmar com vocês: há realmente o interesse em estar aqui, de forma voluntária e aberta, para resolver a questão em definitivo?

Quanto aos advogados, agradeço a presença e os parabenizo desde já pela atuação técnica e importante para a administração da Justiça. É meu dever também lembrar aos senhores e às partes que um eventual acordo nesta fase não desmerece o excelente trabalho que desempenharam até aqui e que o Código de Ética e Disciplina da OAB impede qualquer redução de honorários em caso de solução extrajudicial do objeto da conciliação ou da mediação.

Por fim, coragem, pois estamos quase no fim! Gostaria apenas de alertá-los quanto ao tempo de duração desta sessão [conciliação: aproximadamente 20 minutos; mediação: não mais que 2 horas].

Em geral, após esta declaração de abertura, começamos pelo relato das partes e, tradicionalmente, a parte requerente é aquela que começa. Mas, antes disso, gostaria de verificar se há ainda alguma dúvida ou se gostariam de algum esclarecimento.

Estando tudo certo e de acordo, podemos começar pelo relato do(a) senhor(a), que é o requerente para este caso.

5.4 Relato das partes (reunião de informações)

Feita a declaração de abertura, o facilitador deve abrir espaço para que as partes façam o relato de fatos, posições e interesses envolvidos no litígio.

> Apesar de não haver obrigatoriedade nesse sentido, a parte que requereu o procedimento (por meio de ação judicial ou de pedido de conciliação ou mediação extrajudicial) é quem inicia a exposição.

Como já pactuado na declaração de abertura e confirmado pelas partes, cada uma delas deverá falar tudo o que desejar sem ser interrompida, pois haverá tempo para que o outro lado também se exponha. O facilitador deve se assegurar disso e sempre intervir quando necessário para lembrar a todos que não há necessidade de interrupções.

Sugere-se que, para o relato inicial, o facilitador dê a cada parte o tempo aproximado de 10 minutos. Em casos mais complexos, esse limite de tempo pode ser estendido a critério do facilitador e com a concordância das partes.

> A isonomia é um dos princípios da mediação e dela decorre o direito ao contraditório. Se a parte que iniciou o relato usou, por exemplo, 12 minutos, seria justo e adequado conferir o mesmo intervalo de tempo para a outra parte. Eventuais interrupções, apesar de indesejadas, precisam ser compensadas da mesma maneira.

No momento do relato, a intervenção do facilitador e dos advogados deve se restringir a questões de ordem (para evitar interrupções, por exemplo) ou a intervenções técnicas (o advogado pode ajudar a parte a explicar melhor seu pedido do ponto de vista jurídico caso ela tenha necessidade). É muito importante dar a primazia da fala às partes, empoderando-as.

Se julgar necessário, o facilitador pode abrir um período adicional para que os advogados possam intervir, observando sempre o protagonismo das partes e o foco na resolução dos problemas.

5.5 Resumo de questões, interesses e posições

Nesta etapa, o facilitador já se apresentou e estabeleceu algum vínculo de confiança com as partes, que já expuseram fatos, posições e interesses, cada uma ao seu tempo. Se couber, é possível até que as partes exponham seus sentimentos, o que geralmente ocorre nas mediações familiares.

Agora é o momento em que o facilitador, por meio de paráfrase e reformulação, vai resumir questões, interesses, posições e sentimentos das partes, sempre pedindo confirmação e validação ("Se entendi corretamente, então o caso envolve X. Seria isso mesmo?").

O que garante um bom resumo é a escuta ativa e as anotações que o facilitador realizou enquanto as partes expunham seus pontos de vista. Contudo, é preciso ter cuidado para não fazer muitas anotações e perder o contato visual com as partes, pois isso pode prejudicar a conexão ou vínculo de confiança.

Como destaca Guilherme (2016), é no resumo que o facilitador tem a possibilidade de identificar os pontos realmente passíveis de acordo com base no relato das partes: "A escuta atenciosa das partes é a chave para conhecer seus reais interesses e o meio de chegar a acordos nos quais esses interesses sejam respeitados" (Guilherme, 2016, p. 57-58).

5.6 Reuniões privadas ou individuais facultativas (*caucus*)

Após o resumo das informações apresentadas pelas partes, o facilitador precisará avaliar se o ambiente de negociação está adequado e se as partes estão se comunicando de forma eficaz (Azevedo, 2016).

Se tudo estiver fluindo com vistas a uma discussão mais aprofundada sobre os termos do acordo, o facilitador optará por dar prosseguimento à etapa subsequente, que é a da resolução das questões.

Todavia, o manual do CNJ traz o seguinte alerta:

> Se as partes não estiverem se comunicando de forma eficiente, já que verificado um alto grau de animosidade, interesses equivocadamente percebidos (como será examinado mais adiante, em teoria autocompositiva se denominam os interesses percebidos equivocadamente pelas partes de interesses aparentes), dificuldade de expressão de uma ou mais partes (e.g. alguém se sente intimidado, ameaçado ou apresenta dificuldade de se expressar) ou ainda há sentimentos que precisam ser propriamente discutidos para que uma parte possa ter uma percepção mais neutra do contexto na qual se encontra, o melhor caminho é seguir para a sessão individual, em que o mediador irá debater todas as questões, interesses, necessidades e sentimentos com cada parte individualmente. (Azevedo, 2016, p. 180)

O facilitador pode, conforme a sua percepção, deixar a reunião individual para um momento posterior ao da resolução das questões se julgar mais adequado. O mais importante, nesta etapa facultativa, é explorar posições e interesses que, revelados apenas ao facilitador, podem ajudar a compreender melhor a questão e abrir um caminho possível para o consenso.

Entretanto, o facilitador não pode se esquecer da confidencialidade prevista no art. 31 da Lei da Mediação, aqui reproduzido na íntegra: "Será confidencial a informação prestada por uma parte em sessão privada, não podendo o mediador revelá-la às demais, exceto se expressamente autorizado" (Brasil, 2015b).

> **PARA SABER MAIS**
>
> AZEVEDO, A. G. de (Org.). **Manual de mediação judicial**: de acordo com a Lei 13.140/15 (Novo Código de Processo Civil) e a Emenda 2 da Resolução 125/10. 6. ed. Brasília: CNJ, 2016. Disponível em: <https://www.cnj.jus.br/wp-content/uploads/2015/06/f247f5ce60df2774c59d6e2dddbfec54.pdf>. Acesso em: 12 mar. 2023.
> Esse manual é referência no ensino e capacitação de conciliadores e mediadores.
>
> CONCILIAÇÃO. 9 maio 2014. Disponível em: <https://www.youtube.com/watch?v=5Cr98CKGkI4>. Acesso em: 27 abr. 2023.
> O CNJ produziu, com base na Resolução n. 125/2010, um vídeo didático com a dramatização de uma sessão de conciliação (*O banco*) e outra de mediação (*O hospital*), ilustrando pontualmente como funciona a dinâmica desse tipo de sessão.

Síntese

Neste quinto capítulo, após longo percurso alicerçado em base teórica e legal, vimos as etapas iniciais do procedimento comum à mediação e à conciliação. A *sessão* (termo preferível a *audiência*) começa com uma boa preparação, anterior ao contato inicial com as partes, e instala-se com a declaração de abertura, feita pelo facilitador.

A declaração de abertura é fundamental para criar um vínculo de confiança e passar a segurança necessária para que as partes possam livremente expor sentimentos, questões, interesses e posições.

O facilitador deve tomar nota atentamente de tudo o que lhe é dito e, dessa forma, resumir, por meio de paráfrase e validação constante, as questões que podem contribuir diretamente para o esclarecimento e a criação de opções ao acordo, o que veremos no próximo capítulo.

Questões para revisão

1) Assinale a alternativa **incorreta** sobre a abertura do procedimento comum aplicável à conciliação e à mediação:

   a. O início do procedimento se dá com a acolhida das partes e a declaração de abertura, feita pelo facilitador.

   b. Na declaração de abertura, o facilitador deve anotar e confirmar o nome das partes, apresentar-se e expor, em linhas gerais, as regras e os princípios aplicáveis ao procedimento.

   c. A declaração de abertura é opcional quando uma das partes já participou de outra sessão de conciliação ou de mediação e sabe como esta funciona, ainda que a outra parte jamais tenha participado de algum procedimento.

d. O facilitador deve alertar as partes, na declaração de abertura e sempre que julgar oportuno, sobre o princípio da confidencialidade e sua aplicação no procedimento de conciliação e mediação.

e. A declaração de abertura deve conter, para além da apresentação do facilitador, uma breve explicação sobre os princípios e as regras do procedimento, em especial a confidencialidade, a imparcialidade e a ausência de obrigação de resultado. As partes devem ao menos tentar chegar à autocomposição. É vedada a imposição da necessidade de se transigir.

2) Após a declaração de abertura pelo facilitador e o relato de cada uma das partes, é chegado o momento de resumir questões, interesses e posições expostos com vistas à resolução do conflito. Sobre essa etapa, assinale a alternativa correta:

a. Para melhor compreender o conflito, o facilitador deve anotar todas as informações apresentadas em uma folha em branco; para manter a isonomia, ele não deve, em hipótese alguma, manter o contato visual com as partes.

b. A escuta ativa das partes pressupõe interromper a parte que está falando e contra-argumentar, sempre que a outra parte, o advogado ou o facilitador julgar oportuno.

c. A paráfrase e a reformulação são taxativamente proibidas pela Lei da Mediação, pois o facilitador deve ser capaz de memorizar exatamente as frases que lhe foram ditas e apenas reproduzi-las em sua integralidade.

d. A sessão individual (*caucus*) é a única exceção ao princípio da isonomia e do contraditório. Se o facilitador realizar uma sessão individual com uma parte, não poderá, sob hipótese alguma, fazer outra sessão individual com a outra parte, ainda que ela peça expressamente.

e. O facilitador pode sugerir a realização de uma sessão individual (*caucus*) nos casos em que o diálogo entre as partes não estiver fluindo a contento ou nos casos em que houver alguma informação que, apesar de pertinente para o conflito, uma das partes não queira revelar à outra.

3) Quanto ao procedimento comum aplicável à conciliação e à mediação, assinale a alternativa correta:

a. A doutrina e a prática sugerem que se prefira o termo *sessão* a *audiência*, para que assim as partes não confundam a audiência judicial – formal, rígida e presidida por juiz togado – com a sessão de conciliação ou mediação – informal, flexível e conduzida por um terceiro imparcial sem poder decisório.

b. A doutrina e a prática recomendam o uso do termo *audiência impositiva obrigatória* em referência à sessão de conciliação e de *audiência autoritária obrigatória* em referência à sessão de mediação, reforçando o caráter obrigatório e involuntário desse procedimento.

c. O procedimento começa com a redação da ata da sessão, em que as partes se comprometem a chegar a um acordo, por mais desvantajoso que seja.

d. Os procedimentos da conciliação e da mediação são diferentes: o primeiro é dirigido exclusivamente por

juiz togado, e o segundo é conduzido por profissionais com titulação mínima de pós-doutoramento.
e. O procedimento da conciliação e da mediação é idêntico ao da arbitragem.

4) Sobre a preparação para a sessão de conciliação ou mediação, assinale a alternativa **incorreta**:

a. O facilitador pode ser escolhido pelas partes ou, na ausência de escolha, pode ser designado pelo tribunal (conciliação ou mediação processual e pré-processual) ou por câmara privada de conciliação ou mediação (conciliação ou mediação extrajudicial).
b. Na sessão de conciliação ou de mediação, o facilitador deve se assegurar de que a sala utilizada seja a mesma em que são realizadas as audiências judiciais. É obrigatório ao facilitador ocupar o lugar que seria destinado ao magistrado ou alguma cadeira que fique em nível superior ao das partes, para demonstrar a hierarquia existente.
c. É possível redigir cláusula compromissória em contrato particular para submeter o litígio à mediação e, assim, prevenir a judicialização da controvérsia.
d. É permitido ao facilitador preparar-se para a sessão com o acesso a informações básicas sobre as partes e o conflito, muito embora seja desaconselhável que ele se envolva muito com o inteiro teor do conflito, para não afetar sua imparcialidade.
e. O facilitador deve ter aparência e vestimenta apropriadas, desenvolver o *rapport* (empatia), inspirar confiança e transmitir uma perspectiva positiva às partes.

5) Após a declaração de abertura, a etapa subsequente do procedimento comum à conciliação e à mediação é a reunião de informações, ocasião em que as partes fazem o relato sobre a forma como enxergam o conflito. Quanto à etapa da reunião de informações, é **incorreto** afirmar:

a. Apesar de não ser uma divisão fixa nem obrigatória, sugere-se que o facilitador conceda até dez minutos para que cada parte faça o relato do caso.

b. Os princípios da isonomia e do contraditório se aplicam também à divisão de tempo; nesse sentido, se uma parte utilizou 12 minutos para relatar os fatos e suas impressões sobre o conflito, é adequado que o facilitador conceda o mesmo período para a outra parte.

c. Nessa etapa, é importante que as partes não sejam interrompidas enquanto expõem os fatos e as impressões sobre o conflito, regra que se aplica inclusive aos advogados, que devem ser aconselhados a respeitar o momento de cada parte. Conforme o caso, o facilitador pode conceder um período próprio para que os advogados explorem questões de ordem ou façam comentários e apontamentos técnicos que julguem aplicáveis ao caso.

d. O relato das partes é desnecessário quando uma delas declara, logo de antemão, que não está interessada na autocomposição; nesse caso, o facilitador pode dispensar o relato e passar para a próxima etapa, que é a declaração de abertura.

e. No relato das partes, são elas que têm o protagonismo e, por isso, não devem ser interrompidas. É aconselhável que o facilitador, ao preparar o ambiente da sessão, deixe folhas e canetas acessíveis para que uma parte faça as anotações de pontos que gostaria de contra-argumentar enquanto a outra está fazendo seu relato.

Questão para reflexão

1) Leia atentamente o texto a seguir.

AS NECESSIDADES E OS DESEJOS

O que é uma necessidade?

Em sentido estrito, a necessidade é uma carência interior natural e universal. De fato, como todos os seres vivos, nós estamos em equilíbrio instável e sentimos uma carência (de alimento, de energia, de amor, de consideração...) ou um excesso (de energia, de amor...) A expressão "ter necessidade de alguma coisa ou de alguém" é uma exageração que valoriza o ressentimento interno ("É necessário que eu tenha ou que eu faça isto ou aquilo...")

Qual é a diferença entre necessidade e desejo?

» As necessidades são imperiosas, insubstituíveis, internas.
» Os desejos são contingentes, intercambiáveis, externos: podemos desejar objetos, atividades, relações ou pessoas.

Ex.: Tenho sede (necessidade), tenho vontade (desejo) de saborear um sorvete.

Ex.: Tenho a necessidade de ser reconhecido e quero um aumento.

Ex.: Tenho a necessidade de ser amado e quero uma relação contigo...

Quantas necessidades existem?

[...] Em nossa opinião, existem 12 tipos de necessidades que se opõem duas a duas segundo o modelo do balanço. [...]

Detalhamento das necessidades

Necessidades fisiológicas: respirar, beber, comer, descansar, fazer amor, mover-se...

Necessidades de segurança: material, financeira, profissional, intelectual, relacional

Necessidades de pertença: étnica (família, religião, povo) ou outra (clube, religião, partido)

Necessidades de estimulação: de estresse, de excitação, de mudança, de descoberta, de atuação, de desafios

Necessidades de comunicação: amar e ser amado (amor, amizade, respeito), intercambiar/estar em relação

Necessidades de reconhecimento: sentir-se importante, valorizado, único, útil (indispensável), orgulhoso de si

Necessidades intelectuais e espirituais: informar-se, aprender, compreender, dar um sentido à sua vida, estar em contato com o sagrado

Necessidades de liberdade: decidir e fazer coisas em relação a si, escutar/respeitar suas necessidades e desejos

Necessidades de realização: usar o próprio potencial, criar, afirmar-se, progredir, superar-se, ter um objetivo

Necessidades de ordem: de estabilidade, de clareza, de paz, de calma, de harmonia, de equilíbrio

Necessidades de solidão (encontrar-se): de solidão, de tempo para si

Necessidades de controle (sentir-se seguro): as coisas, as pessoas e si mesmo

Fonte: RAS, 2017, p. 50-51.

Agora, determine suas necessidades ou dominantes atuais:

a. Necessidades fisiológicas ou intelectuais e espirituais?
b. Necessidades de segurança ou de liberdade?
c. Necessidades de pertença ou de realização?
d. Necessidades de estimulação ou de ordem?
e. Necessidades de comunicação ou de solidão?
f. Necessidades de reconhecimento ou de controle?

VI

Procedimentos da conciliação e da mediação: das sessões individuais até a redação da ata

CONTEÚDOS DO CAPÍTULO:

» Etapas finais do procedimento de mediação em seu ato de encerramento, que consiste na redação e na assinatura da ata de sessão de conciliação ou de mediação, bem como suas repercussões práticas e legais.

APÓS O ESTUDO DESTE CAPÍTULO, VOCÊ SERÁ CAPAZ DE:

1. entender as etapas dos procedimentos de conciliação e de mediação;
2. esclarecer controvérsias e interesses com as partes durante a sessão;
3. registrar as soluções encontradas em ata de sessão frutífera;
4. compreender a importância de registrar a ata mesmo que não haja acordo;
5. assimilar a noção de título executivo judicial e extrajudicial;
6. formar uma ideia completa de todas as etapas aplicáveis aos procedimentos da mediação e da conciliação.

6.1 Esclarecimento de controvérsias e interesses

Na etapa do esclarecimento de controvérsias e interesses, as partes já fizeram cada qual seu relato de posições, fatos e interesses, o facilitador já resumiu as informações que foram narradas e, nos casos em que as partes peçam ou o facilitador prefira, já se realizou a sessão privada ou individual.

O esclarecimento das controvérsias e dos interesses ocorre, então, nesse momento em que se realiza a sessão final conjunta após a exposição e o resumo dos fatos. É nessa fase que as partes costumam mudar a perspectiva do conflito, não sendo raro que já se sintam seguras o suficiente para dar o próximo passo, em direção ao acordo (ou, diversamente, em direção ao entendimento de que um acordo não será possível de ser alcançado naquele momento).

Normalmente, as partes estão ansiosas para se manifestarem novamente, e pode acontecer alguma exaltação ou acirramento de ânimos. Mesmo que já tenha se estabelecido uma comunicação eficaz entre as partes, a percepção das questões e dos interesses ainda não foi completamente esclarecida (Azevedo, 2016).

Nesse sentido, o facilitador pode fazer perguntas ou interrupções para garantir esse norte ou uma direção mais proveitosa com vistas à consensualidade. Vejamos o exemplo a seguir, extraído do *Manual de mediação judicial* do CNJ (Azevedo, 2016), em que observamos duas formas distintas – com resultados igualmente distintos – de se esclarecer uma controvérsia. A chave de leitura aqui está na validação dos sentimentos das partes:

João: *"Não aguento mais o barulho e a desconsideração com a vizinhança da Roberta. Já até dei para ela um fone de ouvido no aniversário dela para ver se ela se toca! Ela está fazendo isso de propósito!"*.

Mediador [facilitador] com técnica (validando os sentimentos): *"Do que ouvi me parece que você está irritado com a Roberta porque gostaria de ter um ambiente agradável na vizinhança e ainda não conseguiu fazer essa mensagem chegar até ela de forma que ela a compreenda e perceba em você um vizinho zeloso"*.

Mediador [facilitador] sem técnica (invalidando os sentimentos): *"Rapaz, não se deixe aborrecer com essas coisas. Isso faz parte da vida em vizinhança e me parece que você não está pensando em se mudar, não é verdade? Então acho que não vale a pena se aborrecer – concorda?"* (Azevedo, 2016, p. 183, grifos do original)

É também na fase de esclarecimento que se costuma "colocar o carro na frente dos bois" e tratar de questões que, no momento, não seriam as mais prementes ou pertinentes. Um caso típico e muito comum é aquele em que se quer abordar diretamente cifras e valores em vez de buscar alternativas, como no diálogo reproduzido a seguir, também extraído do manual do CNJ. É preciso ter em mente que o dinheiro ou a cifra pode apaziguar alguns ânimos, mas não todos, principalmente nos casos em que o conflito envolve a esfera emocional:

Jorge: *"Veja bem, considerando que ele cumpriu apenas 70% do trabalho realizado, acredito que devo a ele..."*

Mediador (interrompendo): *"Desculpe interrompê-lo, Jorge, vamos conversar sobre valores em alguns minutos? Gostaria de entender melhor o que você gostaria que tivesse sido feito em sua cozinha."* (Azevedo, 2016, p. 185, grifos do original)

Apesar de a questão de valores no diálogo em comento ter lá sua importância para o desenrolar da conciliação dada como exemplo, o urgente parece ser mais a conclusão do serviço (finalizado em apenas 70%, restando os outros 30%) do que o valor de pagamento em si.

Vejamos outros exemplos de diálogos no quadro a seguir.

Quadro 6.1 – Exemplos de identificação de interesses, questões e sentimentos durante uma sessão de conciliação ou de mediação

Durante a sessão de identificação de interesses, questões e sentimentos, seja com as partes conjuntamente ou em sessão individual, o mediador ouve as seguintes informações:	O mediador pode identificar as questões desse modo:
"Eu me esforcei muito para conseguir juntar um dinheirinho para comprar essa casa. Gastei uma fortuna com material de construção, móveis etc. Agora, depois de tudo até então gasto, vem esse empreiteiro me cobrar um valor que não havia sido previamente combinado, trazendo apenas uma relação dos serviços prestados e afirmando que eu concordei com o que foi feito em minha casa. Não! Não vou pagar, pois o serviço foi mal feito e, para piorar, não tinha sido combinado nesse valor! Eu tenho meus direitos e sei que não preciso pagar!"	Comunicação entre as partes; Valor do serviço; Serviço prestado;
"Minha empresa sempre foi bastante atuante no mercado de informática, tendo prestado serviços de expressiva qualidade e com reconhecimento do público. Não vou aceitar, portanto, que o dono desse supermercado venha ao público atacar minha empresa, dizendo mentiras e mais mentiras. A assistência técnica tem sido bastante satisfatória, temos realizado todas as inspeções usuais e não entendo porque, de uma hora para outra, só por causa de um pequeno problema no software, ele vem difamando uma empresa de tantos anos no mercado. Eu vou ganhar essa ação de lavada! Não aceito esse tipo de atitude!"	Comunicação; Serviços prestados ao supermercado.

(continua)

(Quadro 6.1 – conclusão)

Durante a sessão de identificação de interesses, questões e sentimentos, seja com as partes conjuntamente ou em sessão individual, o mediador ouve as seguintes informações:	O mediador pode identificar as questões desse modo:
"Sabe qual é o problema central? Minha empresa não tem mais como continuar pagando seus empregados, com todos os encargos sociais por trás, da mesma forma que antigamente. Você tem de reconhecer que o câmbio, como está, é uma bomba para empresas como a minha, que trabalham com exportação. Por isso, terei de fazer demissões como a sua. Caso contrário, minha empresa irá falir."	Comunicação entre empresa e empregado (sobre os motivos do desligamento); Critérios definidores de desligamentos; Valores a serem pagos a título de verbas rescisórias; Comunicação entre empresa e empregado (sobre a situação financeira da empresa).
"Só faltava essa! Embora a empresa trabalhe com exportações, há de se reconhecer que, ultimamente, ela conseguiu elevados lucros partindo para a venda de bens de fabricação nacional e com a mesma qualidade dos estrangeiros. Nós, empregados, não estamos entendendo essa justificativa para a demissão. Em rigor, como estamos a par, no último ano, a empresa conseguiu recuperar praticamente todo o prejuízo dos últimos anos. Neste ano, a empresa, certamente, irá apresentar um lucro líquido expressivo. Tá vendo como tudo é mentira? Eles só querem lucro e mais lucro. Nós, pobres empregados, ficaremos aí soltos no mundo diante de tantas dificuldades para se arranjar um novo emprego. Você tem de ver que boa parte do sucesso desta empresa está na competência de seus empregados!"	Comunicação entre empresa e empregado (sobre os motivos do desligamento); Critérios definidores de desligamentos; Valores a serem pagos a título de verbas rescisórias; Comunicação entre empresa e empregado (sobre a situação financeira da empresa).

Fonte: Azevedo, 2016, p. 192-193, grifo do original.

De acordo com Marshall Rosenberg (2006), uma forma oportuna de pacificar as relações sociais e interpessoais se dá por meio da chamada *comunicação não violenta* (CNV), que também ajuda a esclarecer controvérsias e interesses durante uma sessão de conciliação e de mediação.

O método da CNV é baseado em quatro pilares, os quais, apesar de exigirem alguma prática, são valiosos no treinamento e na capacitação não só de bons facilitadores como também de bons negociadores e de pessoas que queiram cultivar relacionamentos respeitosos e colaborativos.

Os quatro pilares da CNV, com base em Patrice Ras (2017, p. 53), são os seguintes:

1. **Observação**: observar ativamente uma situação e descrevê-la da forma mais objetiva possível.
2. **Sentimento**: expressar os sentimentos que a observação ativa e a descrição objetiva despertaram em você ou no interlocutor (nesse caso, confirmar com o interlocutor se sua observação está correta).
3. **Necessidade**: esclarecer e expressar as necessidades (suas ou do interlocutor).
4. **Pergunta**: fazer questionamentos abertos sempre que possível a si mesmo ou ao interlocutor em busca de respostas que confirmem ou reformulem as fases anteriores.

Como mencionamos, nem sempre é fácil colocar em prática a CNV, mas é inegável que ela nos ajuda a nos comunicarmos melhor e a evitarmos atritos desnecessários.

6.2 Resolução de questões

A resolução das questões debatidas na sessão de mediação ou conciliação acontece na reunião conjunta final, cujo propósito é basicamente

> efetuar um enquadramento de todas as questões relevantes e interesses das partes manifestados nas sessões anteriores, com o fito de organizar o processo. Trata-se

de uma etapa bastante curta, porém, essencial para definir as questões e interesses juntamente com as partes, como também estabelecer mecanismos de como tais informações serão discutidas.

Desse modo, o mediador, juntamente com os participantes da mediação, irá explicar as principais questões suscitadas e interesses em debate, ao mesmo tempo em que passa a criar um ambiente propício para a negociação, na medida em que demonstra que suas questões são plenamente conciliáveis bastando tão somente que se abordem as questões de forma organizada. (Azevedo, 2016, p. 191)

A solução, como temos enfatizado, não vem imposta pelo facilitador, mas deve vir sobretudo das partes.

É nesta etapa que o facilitador pode demonstrar sua criatividade e encorajar as partes (jamais impor) a encontrar soluções que sejam ajustadas ao conflito e que tragam ganhos mútuos.

Nas conciliações, o facilitador goza de uma "autonomia" maior para propor ou sugerir alternativas para solucionar o problema das partes, que não têm um vínculo anterior, mas, em hipótese alguma, essa "autonomia" deve ser confundida com invasão indevida da esfera privada das partes. Afinal, são elas, e apenas elas, que podem tomar a decisão final de aceitar ou recusar uma proposta de acordo.

6.3 Registro das soluções encontradas e encerramento da sessão

Independentemente do resultado, a sessão de conciliação ou de mediação judicial ou extrajudicial deve ser obrigatoriamente finalizada com a redação de uma ata, que será assinada ao final pelos participantes e pelo próprio facilitador.

O art. 20 da Lei da Mediação prevê a importância e a obrigatoriedade desse documento "quando for celebrado acordo ou quando não se justificarem novos esforços para a obtenção de consenso, seja por declaração do mediador nesse sentido ou por manifestação de qualquer das partes" (Brasil, 2015b).

Logo, a ata é documento fundamental para a comprovação de que as partes estiveram reunidas. Mais que isso, constitui **título executivo extrajudicial** quando celebrada por iniciativa das próprias partes e **título executivo judicial** quando homologada judicialmente (art. 20, parágrafo único, Lei da Mediação).

> Título executivo é um documento que atesta a existência de uma obrigação líquida, certa e exigível, independentemente de essa obrigação ser de pagar, de fazer ou de não fazer.

No caso de uma conciliação ou mediação judicial, a sentença em que o juiz homologa os termos do acordo reveste o pactuado entre as partes com a força de uma sentença e, em caso de descumprimento, o título poderá ser apresentado em juízo já na fase de execução ou de cumprimento de sentença.

A seguir, reproduzimos dois exemplos de textos de atas de conciliação e de mediação judicial com resultados positivos (mediação frutífera) e negativos (mediação infrutífera).

Exemplo de ata de mediação frutífera

(Identificação dos autos)
(Identificação das partes)
(Identificação dos facilitadores)

Em 22 de fevereiro de 2016, na Sala de Audiências do Centro Judiciário de Solução de Conflitos e Cidadania do Fórum Cível de Curitiba-PR, aberta a sessão de mediação, esta resultou FRUTÍFERA nos seguintes termos:

a. A parte requerida compromete-se a quitar as taxas condominiais vencidas referentes aos seguintes meses: (indicação do mês em atraso e do valor atualizado).
b. Em caso de descumprimento, as partes acordam o vencimento antecipado das parcelas vincendas, bem como a incidência de multa de 20% sobre o valor do saldo remanescente.
c. Cumprido o avençado, as partes se dão rasa e geral quitação, para nada mais reclamarem uma com a outra, com relação ao objeto destes autos.

Por fim, as partes requerem a homologação deste acordo, nos termos do art. 269, III, do Código de Processo Civil. Nada mais. Encaminhe-se o presente procedimento ao Juiz Coordenador deste Centro para a respectiva homologação, conforme o art. 8º, parágrafo 8º, da Resolução 125/2010 do Conselho Nacional de Justiça, artigo este incluído pela Emenda n. 1/2013 da mesma Corte.

(Local, data, assinatura das partes e do facilitador)

Exemplo de ata de conciliação infrutífera

(Identificação dos autos)
(Identificação das partes)
(Identificação dos facilitadores)

Em 13 de outubro de 2015, na Sala de Audiências do Centro Judiciário de Solução de Conflitos e Cidadania do Fórum Cível de Curitiba-PR, estiveram presentes ao ato processual ambas as partes devidamente acompanhadas e representadas por seus advogados. Aberta a Sessão de Conciliação, esta resultou INFRUTÍFERA. Ambas as partes apresentaram proposta para resolução da lida, sendo reciprocamente rejeitadas. Nada mais. Encerra-se a sessão. Encaminhem-se os autos ao Juízo de origem para as deliberações necessárias.

(Local, data, assinatura das partes e do facilitador)

6.4 Outros tipos de conciliação e de mediação

Ao permitir outras formas consensuais de resolução de conflitos para além da mediação e da conciliação judicial e extrajudicial, a Lei da Mediação, em seu art. 42, reconheceu outras práticas já realizadas mesmo antes de sua publicação, em 2015.

Um levantamento feito entre 2012 e 2013 pelos autores do relatório *Estudo qualitativo sobre boas práticas em mediação no Brasil* já apontava para uma ampla variedade de formas consensuais de resolução de conflitos (Grinover; Sadek; Watanabe, 2014, p. 14), como podemos depreender do gráfico reproduzido a seguir.

Gráfico 6.1 – Formas consensuais de resolução de conflitos em São Paulo

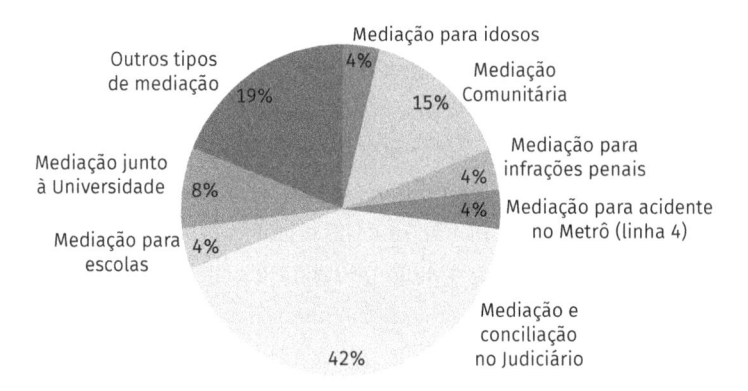

- Outros tipos de mediação: 19%
- Mediação para idosos: 4%
- Mediação Comunitária: 15%
- Mediação para infrações penais: 4%
- Mediação para acidente no Metrô (linha 4): 4%
- Mediação e conciliação no Judiciário: 42%
- Mediação para escolas: 4%
- Mediação junto à Universidade: 8%

Fonte: Grinover; Sadek; Watanabe, 2014, p. 14.

Ao ensejar outras formas consensuais de resolução de conflitos, a Lei da Mediação permitiu a aplicação dos meios extrajudiciais de solução de conflitos (Mescs) adaptada para conflitos dotados de particularidades. É o caso da mediação em eventos de grande impacto, como em acidentes aéreos e rompimentos de barragem, realidade que se impôs no Brasil principalmente a partir da queda do voo TAM 402, em 1996, e do rompimento das barragens de Mariana e Brumadinho, em Minas Gerais.

> Uma dica valiosa de leitura são os livros da advogada Sandra Assali, criadora da Associação Brasileira de Parentes e Amigos de Vítimas de Acidentes Aéreos (Abrapavaa). A instituição foi fundada após uma tragédia pessoal: o marido de Sandra foi uma das vítimas da queda do voo TAM 402, em uma época na qual acordos coletivos e assistência multidisciplinar às famílias enlutadas eram praticamente inexistentes. Sandra é um exemplo de transformação do luto em luta, e sua associação atualmente é referência na criação

> de câmaras privadas de indenização em acidentes de grandes proporções.

Por fim, cabe mencionar que há uma forma de conciliação essencialmente *on-line* e cujo crescimento foi exponencial desde a pandemia de Covid-19. Antes da pandemia, porém, a mediação *on-line* já era promovida pela plataforma <consumidor.gov.br>, a qual permite que um cliente registre uma reclamação virtualmente por meio de relato escrito e documentos anexos, e as empresas cadastradas têm prazos específicos para atender à demanda.

A iniciativa, que tem gerado bons resultados, partiu do Ministério da Justiça em parceria com os Procons estaduais, sendo possível, ainda, a avaliação do atendimento após a resposta da empresa.

6.5 Mediação e contratos

A pacificação social e a resolução consensual dos litígios são os dois maiores objetivos dos MESCs. Isso quer dizer que a prevenção de litígios está relacionada à formação de bons negociadores, embora não se restrinja a isso.

Dessa forma, um facilitador – ou pacificador, como se pretende demonstrar a seguir – é aquele que busca atuar não só quando o conflito já está instaurado, mas também, sempre que possível, lançando as bases para que esses conflitos não surjam ou ao menos, em sua inevitabilidade, possam ser enfrentados adequadamente.

E é aqui que a seara dos contratos entra em destaque. Um contrato escrito é, como diz o antigo brocardo, um documento que faz lei entre as partes signatárias. Se mal redigido ou escrito de forma desleixada, pode ser a fonte de problemas intermináveis futuramente.

> Se você é bacharel em Direito ou está em vias de terminar a graduação em Direito, dê especial atenção às aulas de direito civil focadas em contratos. O mercado carece de bons redatores de contratos, e a interdisciplinaridade resultante da convergência entre um bom escritor de contratos e um bom negociador pode ser a diferença entre um conflito evitado e um conflito causado por cláusulas obscuras ou mal redigidas.

É cada vez mais comum observarmos, em contratos dos mais variados tipos, a escolha de uma **cláusula escalonada**. Esse nome está associado ao escalonamento do conflito, ou seja, refere-se às diferentes etapas de se dirimir uma controvérsia surgida quando houver descumprimento ou desentendimento relacionado à aplicação e à interpretação do contrato.

Assim, algumas empresas (e até pessoas) escolhem escalonar a solução de qualquer controvérsia surgida na vigência de um contrato das seguintes formas possíveis:

1. mediação > arbitragem > judicialização;
2. mediação > judicialização.

No primeiro caso, que no jargão técnico é conhecido como *cláusula escalonada MED-ARB*, o que nos importa é que as partes escolhem submeter o litígio a uma câmara de mediação (ou escolhem o próprio mediador) como primeira etapa do escalonamento. Caso a mediação seja feita, mas não apresente uma solução adequada para as partes, o conflito será submetido a um segundo "degrau" escalonado, um painel arbitral (no Brasil, é regido por lei própria). Se, na arbitragem, ainda assim não houver uma solução adequada, a judicialização será o terceiro e último escalonamento. E certamente o mais indesejado: afinal, a escolha por uma cláusula escalonada representa uma vontade intrínseca das partes em resolver disputas de forma célere e justa. Ademais, o Judiciário, como vimos no capítulo inicial deste livro, por vezes é lento, custoso e nem sempre traz soluções justas dentro do tempo que contratos dinâmicos exigem.

O segundo caso é uma versão simplificada do primeiro, em que se exclui a arbitragem do cenário e se escalona o conflito em duas etapas: mediação e judicialização.

Agora você deve estar pensando que essas modalidades de contrato se aplicam tão somente a contratos de grandes empresas e órgãos públicos. Sim, é isso o que se vê na maioria dos casos. Porém, os custos com a mediação de pequenos conflitos têm se massificado no Brasil desde a entrada em vigor da Lei da Mediação, e a criação de câmaras privadas de conciliação e mediação já é uma realidade desde pelo menos 2016.

Um exemplo muito simples e cotidiano de contratos particulares que podem ter a cláusula escalonada é o contrato de locação. Não raro, imobiliárias, proprietários de imóveis e locatários se comprometem a mediar primeiro o conflito antes de sua judicialização. Isso porque, no caso das locações, a medida prevista na Lei do Inquilinato (Lei Federal n. 8.245, de 18 de outubro de 1991) é a ação de despejo. Não é preciso ter graduação em Direito para compreender que esse tipo de ação por vezes é extremamente complicado e envolve sentimentos e interesses que, se puderem ser remediados com uma boa mediação, podem evitar desgastes desnecessários para todas as partes.

No *site* oficial da Câmara de Mediação e Arbitragem da Associação Comercial do Paraná (Arbitac), é possível encontrar modelos e padrões de cláusulas compromissórias (relativas à arbitragem) ou escalonadas (relativas à MED-ARB), como o exemplo reproduzido a seguir.

I. CLÁUSULA ESCALONADA MED-ARB

"As partes convencionam que toda e qualquer controvérsia resultante da e/ou relativa à interpretação ou execução do presente Contrato e respectivos anexos, deve ser submetida à mediação (conforme procedimento definido no parágrafo abaixo) e, quando restar infrutífera, será obrigatoriamente resolvida por meio de arbitragem, a ser instituída e processada nos termos do Regulamento de Arbitragem da Câmara de Mediação e Arbitragem da Associação Comercial do Paraná – ARBITAC.

Parágrafo único: A mediação será estabelecida a partir da Solicitação de Mediação apresentada perante a Secretaria da ARBITAC. No prazo de ___COMPLETAR_____ (_____) dias, as partes, conduzidas pelo mediador por elas escolhido, envidarão seus melhores esforços para solucionar o conflito. Em caso de ausência de manifestação das partes no prazo referido, desinteresse em mediar, ou restando infrutífera a mediação por qualquer outro motivo, instaurar-se-á o procedimento arbitral imediatamente." (Arbitac, 2023)

O excerto colacionado é apenas um modelo padrão, que pode (e deve) ser adaptado conforme as circunstâncias fáticas e jurídicas do contrato que está sendo redigido. De todo modo, o exemplo demonstra como a massificação da mediação no campo dos contratos está avançando e não é mais restrita a grandes empresas ou à administração pública.

> **Para saber mais**
>
> VOSS, C.; RAZ, T. **Negocie como se sua vida dependesse disso**: um ex-agente do FBI revela as técnicas da agência para convencer as pessoas. Rio de Janeiro: Sextante, 2019.
>
> Com exemplos inacreditáveis, que parecem ter sido extraídos da ficção, e relatos de tirar o fôlego, esse livro é uma fonte acessória de conhecimento que pode ajudar a tirar lições importantes de situações extremas de negociação.

Síntese

Chegamos ao final deste livro. Neste sexto capítulo, abordamos as últimas etapas do procedimento de conciliação e mediação. Partimos do momento posterior à reunião individual e anterior à reunião conjunta destinada a resolver as controvérsias passíveis de mediação.

Ao final, qualquer que seja o resultado, a ata da sessão precisa estar redigida adequadamente e assinada, pois é isso que vai lhe conferir a eficácia jurídica perante terceiros, seja como título executivo judicial (se o juiz homologar o acordo), seja como título executivo extrajudicial (se a sessão não for realizada dentro de um processo judicial).

Questões para revisão

1) Sobre a ata redigida pelo facilitador e assinada pelas partes ao final da sessão de conciliação ou mediação, judicial ou extrajudicial, é possível afirmar:

   a. A redação deve apresentar as opiniões pessoais do facilitador sobre o conflito, com posições e juízos de valor, bem como a melhor forma de resolvê-lo.
   b. A ata redigida e assinada pelas partes e pelo facilitador constitui título executivo, que será judicial nos casos de conciliação ou mediação feita no âmbito judicial e extrajudicial quando a sessão não estiver relacionada a um processo judicial.
   c. A ata redigida e assinada pelas partes deve ser levada ao conhecimento de duas testemunhas que não participaram da sessão, devendo ser revelados a essas partes os detalhes do acordo.
   d. A ata só terá validade quando levada a registro no cartório de registro de imóveis, independentemente do caso.
   e. Não há qualquer vantagem em se redigir a ata se a sessão se mostrar infrutífera, isto é, se não for feito um acordo.

2) A respeito da conciliação e da mediação *on-line*, assinale a alternativa **incorreta**:

   a. A mediação poderá ser feita pela internet ou por outro meio de comunicação que permita a transação a distância, desde que as partes estejam de acordo.

b. É facultado à parte que reside no exterior participar da mediação segundo as regras estabelecidas na Lei da Mediação.
c. Apesar de ser previstas desde a entrada em vigor da Lei da Mediação, a pandemia de Covid-19 potencializou conciliações e mediações *on-line* em virtude das medidas de restrição e distanciamento.
d. A Lei da Mediação proibiu taxativamente a realização de sessões de conciliação e de mediação *on-line*, mesmo durante a pandemia de Covid-19.
e. O Ministério da Justiça, em parceria com os Procons estaduais, implementou a plataforma <consumidor.gov.br> para incentivar a transação *on-line* de assuntos relacionados ao direito de consumo.

3) O art. 42 da Lei da Mediação (Lei n. 13.140/2015) tem a seguinte redação: "Aplica-se esta Lei, no que couber, às outras formas consensuais de resolução de conflitos, tais como mediações comunitárias e escolares, e àquelas levadas a efeito nas serventias extrajudiciais, desde que no âmbito de suas competências" (Brasil, 2015b). Qual das opções a seguir constitui matéria regida por lei própria?

a. Mediação comunitária.
b. Mediação escolar.
c. Mediação nas relações de trabalho.
d. Mediação universitária.
e. Mediação em eventos de grande impacto.

4) O registro formal e escrito feito ao final da sessão de conciliação ou de mediação:

   a. deve ser feito em ata, assinada pelo facilitador e pelas partes, mesmo que a sessão não tenha resultado em acordo.
   b. deve ser feito em ata, assinada pelo facilitador e pelas partes, apenas nos casos em que a sessão tenha resultado em acordo.
   c. deve ser feito em ata, assinada pelo facilitador e pelas partes, apenas nos casos em que a sessão não tenha resultado em acordo.
   d. é facultativo, bastando que as partes declarem verbalmente estar de acordo com a proposta.
   e. não é obrigatório nos casos em que o facilitador for certificado pelo tribunal.

5) Na fase de esclarecimento das controvérsias e dos interesses, o facilitador deve aplicar uma série de competências voltadas para o restabelecimento do diálogo e do tratamento adequado das partes e do conflito. Qual das alternativas a seguir apresenta a única competência que o facilitador **não** pode aplicar durante a sessão?

   a. Validar sentimentos.
   b. Ter criatividade para sugerir direcionamentos possíveis.
   c. Atuar com isonomia e imparcialidade.
   d. Contribuir para o entendimento adequado de controvérsias e interesses.
   e. Impor seus juízos de valor e invalidar sentimentos que não sejam úteis para o esclarecimento de controvérsias e interesses.

QUESTÃO PARA REFLEXÃO

1) Registre em uma folha de papel quais são os seus interesses na área de mediação e/ou de conciliação. Ser facilitador? Negociar melhor? Advogar na área de mediação? Identifique, ainda, quais são os obstáculos a serem superados para chegar aos seus objetivos. Mas não guarde essa lista com você; mostre-a a um amigo. Peça ajuda de um especialista, se necessário. Se seu objetivo for atuar como facilitador judicial, procure também o fórum cível mais próximo da sua casa, pergunte onde fica o Centro Judiciário de Solução de Conflitos e Cidadania (Cejusc) e verifique a oferta de cursos de formação e capacitação.

Os procedimentos de mediação e de conciliação, nosso objeto de estudo neste livro, são um verdadeiro bálsamo quando se trata de assumir a missão de pacificar a sociedade e promover o acesso à Justiça e a solução pacífica de controvérsias entre particulares.

Ao longo da obra, buscamos apresentar um panorama que, embora superficial, pode ser um meio de criar no distinto leitor um gosto particular pelas práticas autocompositivas.

De uma forma ou de outra, todos nós já atuamos como mediadores de conflitos pelo menos uma vez na vida, seja em uma situação familiar, seja no trabalho, seja na faculdade. Mas sobretudo na vida.

Com as técnicas exploradas nesta obra, acreditamos que você terá condições suficientes para continuar nesta jornada que nos deixa cada vez mais aptos a ajudar a sociedade e a melhorar a vida das pessoas com qualidade e senso de justiça.

considerações finais

BRASIL. Lei n. 13.105, de 16 de março de 2015. **Diário Oficial da União**, Poder Legislativo, Brasília, DF, 17 mar. 2015. Disponível em: <http://www.planalto.gov.br/ccivil_03/_Ato2015-2018/2015/Lei/L13105.htm>. Acesso em: 12 abr. 2023.

O Código de Processo Civil, sancionado em 2015 e em vigor desde 2016, é o diploma legal mais recente a incorporar a conciliação e a mediação no âmbito do Poder Judiciário. Deve ser lido em interpretação integrativa com a Lei da Mediação e a Resolução CNJ n. 125/2010.

BRASIL. Lei n. 13.140, de 26 de junho de 2015. **Diário Oficial da União**, Poder Legislativo, Brasília, DF, 29 jun. 2015. Disponível em: <http://www.planalto.gov.br/CCIVIL_03/_Ato2015-2018/2015/Lei/L13140.htm>. Acesso em: 12 abr. 2023.

Com vistas a dar um revestimento legal à Resolução CNJ n. 125/2010, a Lei da Mediação foi sancionada em 2015 e trata das modalidades judiciais e extrajudiciais da conciliação e da mediação.

CNJ – Conselho Nacional de Justiça. Resolução n. 125, de 29 de novembro de 2010. **Diário da Justiça Eletrônico**, Brasília, DF, 1º dez. 2010. Disponível em: <https://atos.cnj.jus.br/atos/detalhar/156>. Acesso em: 14 abr. 2023.

Essa resolução foi a primeira sistematização propriamente dita dedicada exclusivamente à conciliação e à mediação. Instituiu a Política Judiciária Nacional de Tratamento Adequado dos Conflitos de Interesses no âmbito do Poder Judiciário e lançou as bases para a Lei da Mediação, sancionada em 2015.

OAB – Ordem dos Advogados do Brasil. **Código de Ética e Disciplina da OAB**. 2015. Disponível em: <https://www.oab.org.br/content/pdf/legislacaooab/codigodeetica.pdf>. Acesso em: 13 abr. 2023.

O Código de Ética e Disciplina da Ordem dos Advogados do Brasil é o parâmetro básico para assegurar o comportamento ético no exercício da advocacia.

A íntegra da Resolução n. 275/2020 do Tribunal de Justiça do Estado do Paraná (TJPR) pode ser conferida a seguir, para que você, leitor interessado em atuar como facilitador judicial, possa ter uma ideia de como se regulamentam questões atinentes à profissão de conciliador ou de mediador e de qual é a remuneração oferecida pelos tribunais.

Os artigos que consideramos mais relevantes estão destacados.

RESOLUÇÃO n. 275-OE, de 26 de outubro de 2020 – Reveiculada com anexos[*]

Regulamenta o exercício das funções, o recrutamento, a designação, o desligamento e a remuneração dos Conciliadores nos Centros Judiciários de Solução de Conflitos e Cidadania do Estado do Paraná (CEJUSCs).

O TRIBUNAL DE JUSTIÇA DO ESTADO DO PARANÁ, por seu Órgão Especial, no uso de suas atribuições legais,

---

[*] Disponível em: <https://www.tjpr.jus.br/legislacao-atos-normativos/-/atos/documento/4639873>. Acesso em: 27 abr. 2023.

CONSIDERANDO a necessidade de regulamentar a função, o recrutamento, a designação e o desligamento de Conciliadores nos Centros Judiciários de Solução de Conflitos e Cidadania do Estado do Paraná (CEJUSCs);

CONSIDERANDO a previsão da Resolução n. 125, de 29 de novembro de 2010, do Conselho Nacional de Justiça, a qual dispõe "sobre a Política Judiciária Nacional de tratamento adequado dos conflitos de interesses no âmbito do Poder Judiciário", criando os Centros Judiciários de Solução de Conflitos e Cidadania (CEJUSCs);

CONSIDERANDO o contido no art. 169 do Código de Processo Civil (CPC), que estabelece a possibilidade de pagamento pelo trabalho prestado pelos Conciliadores no âmbito dos Centros Judiciários de Solução de Conflitos e Cidadania (CEJUSCs);

CONSIDERANDO o teor da Resolução n. 271, de 11 de dezembro de 2018, do Conselho Nacional de Justiça (CNJ), que fixa parâmetros de remuneração a ser paga aos Conciliadores judiciais; e

CONSIDERANDO que tais normativas criaram nova modalidade de atuação do Poder Judiciário, consistente na realização de conciliação e mediação no âmbito pré-processual; e

CONSIDERANDO o contido no SEI 0020806-19.2019.8.16.6000;

RESOLVE:

Regulamentar as funções, o recrutamento, a designação, a substituição, a remuneração, o desligamento e a capacitação do Conciliador no âmbito dos Centros Judiciários de Solução de Conflitos e Cidadania (CEJUSCs).

Dos Conciliadores

Art. 1º Conciliador, para os fins desta Resolução, é a pessoa física devidamente capacitada,

conforme as regras dispostas nas Resoluções n. 125, de 29 de novembro de 2010, do Conselho Nacional de Justiça (CNJ) e n. 03, de 09 de novembro de 2018, do Núcleo Permanente de Métodos Consensuais de Solução de Conflitos (Nupemec).

Das Funções

Art. 2º Para o exercício das funções de Conciliador, a pessoa deverá ser capacitada conforme as regras dispostas nas Resoluções n. 125 do CNJ e n. 03/2018 do Nupemec e designada de acordo com os termos desta Resolução.

Parágrafo único. O Conciliador desenvolve suas funções sob a supervisão de servidor efetivo, ambos subordinados ao Juiz Coordenador de cada Centro Judiciário de Solução de Conflitos e Cidadania (Cejusc).

Art. 3º No desempenho de sua função, o Conciliador deve realizar suas atividades observando o Código de Ética de Conciliadores e Mediadores Judiciais, disposto no Anexo III da Resolução n. 125 do CNJ e suas alterações.

Dos Requisitos

Art. 4º São requisitos para o exercício da função de Conciliador voluntário:

I – ser brasileiro nato ou naturalizado e capaz;

II – não exercer atividade político-partidária, nem ser filiado a partido político ou dirigente de órgão de classe e/ou entidade associativa;

III – não possuir antecedentes criminais, nem responder a processo penal, ressalvado o disposto no parágrafo único deste artigo;

IV – não ter sofrido penalidade nem praticado ato desabonador no exercício de cargo público, da advocacia ou da atividade pública ou privada, ressalvado o disposto no parágrafo único deste artigo;

V – ser capacitado por escola ou instituição de formação de Conciliadores Judiciais, reconhecida pela Escola Nacional de Formação e Aperfeiçoamento de Magistrados (ENFAM) ou por entidade devidamente habilitada ou credenciada pelo Nupemec, observados os requisitos mínimos estabelecidos pelo CNJ em conjunto com o Ministério da Justiça;

VI – não ser cônjuge, companheiro ou parente, consanguíneo ou afim, em linha reta ou colateral, até o terceiro grau, inclusive, do Juiz Coordenador do Cejusc em que exerça suas funções.

Parágrafo único. Positivada a existência de penalidade ou distribuição relativa aos incisos III e IV do caput deste artigo, cabe ao interessado oferecer esclarecimentos e provas da natureza não prejudicial dos fatos apurados, no prazo de 5 (cinco) dias úteis, ao Juiz Coordenador do Cejusc.

Art. 5º São requisitos para o exercício da função de Conciliador remunerado:

I – ser brasileiro nato ou naturalizado e capaz;

II – não exercer atividade político-partidária, nem ser filiado a partido político ou dirigente de órgão de classe e/ou entidade associativa;

III – não possuir antecedentes criminais, nem responder a processo penal, ressalvado o disposto no parágrafo único deste artigo;

IV – não ter sofrido penalidade, nem praticado ato desabonador no exercício de cargo público, da advocacia ou da atividade pública ou privada,

ressalvado o disposto no parágrafo único deste artigo;

V – ser capacitado por escola ou instituição de formação de Conciliadores Judiciais reconhecida pela Escola Nacional de Formação e Aperfeiçoamento de Magistrados (ENFAM) ou por entidade devidamente habilitada ou credenciada pelo Nupemec, observados os requisitos mínimos estabelecidos pelo CNJ em conjunto com o Ministério da Justiça.

VI – não ser cônjuge, companheiro ou parente, consanguíneo ou afim, em linha reta ou colateral, até o terceiro grau, inclusive, do Juiz Coordenador do Cejusc em que exerça suas funções.

Parágrafo único. Positivada a existência de penalidade ou distribuição relativa aos incisos III e IV do caput deste artigo, cabe ao interessado oferecer esclarecimentos e provas da natureza não prejudicial dos fatos apurados, no prazo de 5 (cinco) dias úteis, ao Juiz Coordenador do Cejusc.

Da Seleção e da Designação do Conciliador Voluntário

Art. 6º O requerimento para atuação do interessado como Conciliador voluntário será apresentado ao Juiz Coordenador do Cejusc, conforme modelo padrão estabelecido pelo Nupemec, instruído com os seguintes documentos:

I – documento de identificação oficial com CPF;

II – certificado de capacitação em Mediação e/ou Conciliação ou declaração de conclusão da etapa de fundamentação (etapa teórica) válida, conforme as regras dispostas nas Resoluções n. 125 do CNJ e n. 03/2018 do Nupemec, ou emitido por entidade devidamente habilitada ou credenciada pelo Nupemec;

III – currículo profissional.

§ 1º A seleção dos interessados ficará a cargo do Juiz Coordenador do Cejusc, que formalizará a indicação ao Presidente do Nupemec, instruída com a documentação constante neste artigo e as previstas nos arts. 7º e 8º, por meio do Sistema Informatizado.

§ 2º Os servidores efetivos e ocupantes de cargo em comissão somente poderão ser designados como Conciliadores voluntários.

Art. 7º Para a designação como Conciliador voluntário, o interessado deverá apresentar os documentos abaixo mencionados, que serão digitalizados e incluídos no Sistema Informatizado:

I – certidão emitida pelo Cartório Distribuidor nas esferas Cível e Criminal da Comarca ou Foro onde residiu nos últimos 5 (cinco) anos e, se for o caso, para a qual se pretende a designação;

II – fotografia 3x4 colorida, recente e digitalizada, ou foto em arquivo digital;

III – declaração de próprio punho de que não exerce atividade político-partidária, nem é filiado a partido político ou dirigente de órgão de classe e/ou entidade associativa;

IV – declaração de próprio punho ou certidão do órgão de classe informando que não sofreu penalidade nem praticou ato desabonador no exercício de cargo público nos últimos 5 (cinco) anos, da advocacia ou da atividade pública ou privada, ou declaração de próprio punho informando que não está vinculado a nenhum órgão de classe;

V – declaração de próprio punho de que não é cônjuge, companheiro ou parente consanguíneo ou afim, em linha reta ou colateral, até o

terceiro grau, inclusive, do Juiz Coordenador do Cejusc em que exercerá suas funções;

VI – termo de compromisso para atuação voluntária, conforme Anexo I (Termo de Compromisso de Conciliador Voluntário) desta Resolução;

§ 1º Quando o interessado for servidor ou ocupante de cargo em comissão, deverá apresentar declaração atestando que permanecem inalteradas as certidões apresentadas à época da nomeação, suprindo a documentação exigida nos incisos I e IV.

§ 2º As declarações e a documentação apresentadas são de inteira responsabilidade do candidato, que responderá, inclusive penalmente, por qualquer falsidade, nos termos dos arts. 299 e 304 do Código Penal.

§ 3º Verificada a ausência de algum documento, o interessado, independentemente de despacho judicial, será intimado para providenciá-lo no prazo de 3 (três) dias úteis, lapso este que, findo sem manifestação, ensejará o arquivamento do pedido.

Art. 8º Para verificação da conduta social do interessado, o Juiz ou o servidor autorizado juntará extrato da consulta realizada no Sistema Oráculo do Tribunal de Justiça do Estado do Paraná (TJPR).

Art. 9º A designação será processada por meio de Sistema Informatizado.

Art. 10. Analisada a documentação, o Juiz Coordenador deliberará quanto à indicação do interessado ao Presidente do Nupemec.

§ 1º Manifestando-se o Juiz Coordenador de forma desfavorável à indicação, o procedimento informatizado de designação será encerrado.

§ 2º Sendo favorável à indicação, o Juiz Coordenador solicitará a designação, pelo Sistema Informatizado, ao Presidente do Nupemec, a quem compete a reapreciação da documentação.

Art. 11. Acolhida a indicação do Juiz Coordenador, o Presidente do Nupemec baixará a portaria de designação.

§ 1º Rejeitada a indicação, o procedimento será encerrado.

§ 2º Constatada a ausência de documentação, o procedimento será devolvido para saneamento.

Art. 12. Após a publicação da portaria, lavrar-se-á termo de compromisso do designado, encerrando-se o procedimento informatizado de designação.

Art. 13. Os Conciliadores voluntários, quando no exercício de suas funções, deverão preencher relatório informatizado, que será disponibilizado no sítio eletrônico do TJPR, no prazo máximo de 180 (cento e oitenta) dias.

§ 1º O relatório, disponível na intranet do TJPR, deve ser preenchido com todas as informações, o qual servirá de base para o preenchimento da folha de frequência.

§ 2º O relatório deve ser preenchido mensalmente, até o último dia do mês.

§ 3º O relatório é imprescindível e obrigatório para fins estatísticos, conforme prevê o art. 167, § 4º, do Código de Processo Civil (CPC).

Art. 14. A folha de frequência mensal informatizada dos Conciliadores voluntários será preenchida pelo servidor responsável, e validada pelo Juiz Coordenador do Cejusc até o 5º (quinto) dia útil do mês subsequente.

Da Seleção e da Designação do Conciliador Remunerado:

Art. 15. Os Conciliadores, quando remunerados, serão recrutados por meio de processo seletivo

público de provas e títulos, que será presidido, em regra, pelo Juiz Coordenador do Cejusc em que eles exercerão suas funções.

§ 1º O processo seletivo será instaurado por portaria.

§ 2º Os Editais do processo seletivo deverão observar necessariamente o modelo padrão elaborado pelo Nupemec, não havendo possibilidade de nenhuma inovação.

§ 3º Será admitida a realização de processo seletivo para cadastro de reserva mediante autorização do Presidente do Nupemec.

§ 4º O processo seletivo poderá ser unificado quando abranger mais de uma unidade ou for de abrangência estadual, mediante prévia autorização do Presidente do Nupemec, a quem cabe designar, por portaria, a Comissão que presidirá o processo seletivo.

Art. 16. O Edital de Abertura será divulgado na sede do Fórum local e no sítio eletrônico do TJPR, por, no mínimo, 10 (dez) dias úteis, nele devendo constar:

I – os requisitos previstos no art. 5º;

II – o número de vagas a serem preenchidas;

III – o local, o horário e o período de inscrições, que não poderá ser inferior a 10 (dez) dias úteis,

IV – a data, o horário e o local do processo seletivo, que deverá observar o interstício mínimo de 5 (cinco) dias úteis entre o fim das inscrições e a data da prova;

V – o conteúdo programático a ser exigido no processo seletivo;

Art. 17. A inscrição para o processo seletivo será gratuita.

Art. 18. A inscrição será feita mediante requerimento padrão elaborado pela Presidência do Nupemec e deverá conter o nome completo do candidato, o endereço, o telefone, o e-mail para contato e a opção da função, bem como ser instruído com fotocópias legíveis do documento de identificação oficial com foto e CPF.

§ 1º Serão admitidas inscrições por procuração.

§ 2º As declarações apresentadas na ficha de inscrição, bem como a documentação oferecida no decorrer do processo seletivo, serão de inteira responsabilidade do candidato, que responderá, inclusive penalmente, por qualquer falsidade, nos termos dos arts. 299 e 304 do Código Penal.

§ 3º As comunicações dos atos do processo seletivo, salvo as convocações que poderão ser realizadas por telefone ou e-mail, serão efetuadas no sítio eletrônico do TJPR e na sede do Fórum.

Art. 19. O processo seletivo será composto:

I – de prova objetiva;

II – de prova de títulos.

§ 1º A prova objetiva terá caráter eliminatório, e a prova de títulos caráter classificatório.

§ 2º Dependendo do número de inscritos, poderá ser terceirizada a realização da prova objetiva, mediante prévia e expressa autorização do Presidente do Tribunal de Justiça, observado o procedimento legal.

§ 3º Será considerado aprovado o candidato que alcançar, no mínimo, nota 5,0 (cinco) na prova objetiva.

§ 4º Em nenhuma hipótese haverá segunda chamada.

Art. 20. O gabarito das provas será publicado no sítio eletrônico do TJPR e na sede do Fórum.

Art. 21. O resultado da prova objetiva será divulgado por meio de Edital de Lista de Aprovados contendo o nome do candidato e a nota obtida, o qual será publicado no sítio eletrônico do TJPR e na sede do Fórum.

Parágrafo único. Os aprovados deverão apresentar, no local indicado, os títulos que possuem, no prazo de 3 (três) dias úteis, contados da data da publicação do Edital de Lista de Aprovados.

Art. 22. Consideram-se títulos:

I – certificado de conclusão de curso de pós-graduação preparatório para a carreira da magistratura expedido por Escola da Magistratura oficialmente reconhecida – valor de 0,2 pontos;

II – certificado de conclusão de curso de especialização na área de Solução de Conflitos, com carga horária mínima de 20 horas – valor de 0,05 pontos;

III – o exercício anterior da função de Conciliador ou Mediador em unidade do Cejusc pelo prazo mínimo de 1 (um) ano, comprovado por certidão expedida pelo Departamento de Gestão de Recursos Humanos ou por juntada de Portaria de Designação e Revogação (quando for o caso) – valor de 0,15 ponto;

IV – o exercício anterior da função de Conciliador em unidade dos Juizados Especiais pelo prazo mínimo de 1 (um) ano, comprovado por certidão expedida pelo Departamento de Gestão de Recursos Humanos ou por juntada de Portaria de Designação e Revogação (quando for o caso) – valor de 0,15 ponto;

V – diplomas de curso de Pós-Graduação:

a) doutorado, reconhecido ou revalidado, em Direito ou em Ciências Sociais ou Humanas – valor de 0,5 pontos;

b) mestrado, reconhecido ou revalidado, em Direito ou em Ciências Sociais ou Humanas – valor de 0,3 pontos;

c) especialização em Direito, na forma da legislação educacional em vigor, com carga horária mínima de 360 (trezentas e sessenta) horas-aula, cuja avaliação tenha considerado monografia de final de curso – valor de 0,2 pontos;

VI – curso de extensão sobre matéria jurídica com mais de 100 (cem) horas-aula e frequência mínima de 75% (setenta e cinco por cento) – valor de 0,02 pontos por curso, até o máximo de 1 ponto.

Parágrafo único. A prova de títulos, meramente classificatória, terá nota máxima de 1,0 (um) ponto.

Art. 23. Os aprovados terão seus títulos valorados e acrescidos à nota constante no Edital de Lista de Aprovados, obtendo-se, assim, o Edital de Classificação Final.

Parágrafo único. Havendo empate, terá preferência o candidato mais idoso.

Art. 24. O Edital de Classificação Final dos candidatos será publicado no sítio eletrônico do TJPR e na sede do Fórum.

§ 1º Após a publicação do Edital de Classificação Final e mediante requerimento do interessado, será concedida vista das provas com prazo de 2 (dois) dias úteis.

§ 2º Caberá reclamação ao Juiz Presidente do processo seletivo, no prazo de 2 (dois) dias úteis, contados da data da publicação do Edital de Classificação Final no sítio eletrônico do TJPR.

Art. 25. Da decisão do Juiz Presidente caberá recurso ao Nupemec, no prazo de 2 (dois) dias úteis, contados da data da publicação.

§ 1º A petição de recurso deverá ser protocolada na Secretaria responsável pelo processo seletivo dentro do horário normal de expediente forense do primeiro grau de jurisdição, para posterior encaminhamento ao Nupemec, pelo Sistema Eletrônico (SEI), juntamente com os autos do processo seletivo e as informações do Juiz Presidente, no prazo de 5 (cinco) dias úteis.

§ 2º O recurso será apreciado pelo Nupemec.

§ 3º Julgado o recurso, o resultado será encaminhado ao Juiz Presidente do processo seletivo.

§ 4º Desprovido ou prejudicado o recurso, dele será cientificado o recorrente, pela Secretaria do Juízo responsável, por comunicação eletrônica, lançando-se certidão nos autos do processo seletivo.

Art. 26. Não havendo recurso, ou após o seu julgamento, será publicado Edital do Resultado Final, homologando-se o processo seletivo, no sítio eletrônico do TJPR e na sede do Fórum.

§ 1º A aprovação no processo seletivo não gera direito adquirido à designação, contudo serão observados o Edital de Resultado Final e o prazo de validade do processo seletivo para efeito de designação.

§ 2º Os candidatos aprovados que não forem imediatamente designados comporão o cadastro de reserva para suprir eventuais necessidades de substituição ou mesmo para preenchimento de vagas abertas, desde que dentro do prazo de validade do processo seletivo.

§ 3º Caso o candidato manifeste a vontade de não ser designado, deverá fazê-lo por escrito, no prazo de 2 (dois) dias úteis, contados da data da convocação.

Art. 27. Quando chamados, os candidatos aprovados deverão preencher ficha cadastral e apresentar, no prazo de 10 (dez) dias úteis, os seguintes documentos:

I – certidão emitida pelo Cartório Distribuidor nas esferas Cível e Criminal da Comarca ou Foro onde residiu nos últimos 5 (cinco) anos e, se for o caso, para a qual se pretende a designação;

II – fotografia 3x4, colorida, recente e digitalizada, ou foto em arquivo digital;

III – declaração de próprio punho de que não exerce atividade político-partidária, nem é filiado a partido político ou dirigente de órgão de classe e/ou entidade associativa;

IV – declaração de próprio punho ou certidão do órgão de classe informando que não sofreu penalidade nem praticou ato desabonador no exercício de cargo público nos últimos 5 (cinco) anos, da advocacia ou da atividade pública ou privada, ou declaração informando que não está vinculado a nenhum órgão de classe;

V – declaração de próprio punho de que não ocupa outro cargo, emprego ou função remunerada pelos cofres públicos, quando se tratar de designação para a função remunerada;

VI – número da conta-corrente para depósito dos valores pecuniários a serem percebidos a título de prestação de serviços;

VII – documento oficial de identificação com CPF;

VIII – declaração de próprio punho de que não é cônjuge, companheiro ou parente consanguíneo ou afim, em linha reta ou colateral, até o terceiro grau, inclusive, do Juiz Coordenador ou gestor administrativo do Cejusc em que exercerá suas funções;

IX – Termo de Compromisso, conforme o modelo do Anexo II desta Resolução.

§ 1º As declarações e documentação apresentadas serão de inteira responsabilidade do interessado, que responderá, inclusive penalmente, por qualquer falsidade, nos termos dos arts. 299 e 304 do Código Penal.

§ 2º Havendo superveniente assunção de cargo ou função pública, efetivo ou comissionado, caberá ao Conciliador pedir a revogação de sua designação, sob pena de responsabilização cível e criminal.

Art. 28. Para verificação da conduta social do interessado, o Juiz ou o servidor autorizado juntará extrato da consulta realizada no Sistema Oráculo do TJPR.

Art. 29. Verificada a ausência de algum documento, o interessado, independentemente de despacho judicial, será intimado para providenciá-lo no prazo de 3 (três) dias úteis, lapso este que, findo sem manifestação, ensejará a desclassificação do candidato.

Art. 30. Os documentos previstos deverão ser digitalizados e incluídos no Sistema Informatizado, para dar início, pelo servidor indicado pelo Juiz Coordenador do Cejusc, ao procedimento de designação remunerada.

Art. 31. Analisada a documentação, o Juiz Coordenador deliberará quanto à indicação do interessado ao Presidente do Nupemec.

§ 1º Manifestando-se o Juiz Coordenador de forma desfavorável à indicação, o procedimento informatizado de designação será encerrado.

§ 2º Sendo favorável à indicação, o Juiz Coordenador solicitará a designação, por meio do Sistema Informatizado, ao Presidente do Nupemec.

Art. 32. Acolhida a indicação do Juiz Coordenador, o Presidente do Nupemec baixará a portaria de designação.

§ 1º Rejeitada a indicação, o procedimento será encerrado.

§ 2º Constatada a ausência de documentação, o procedimento será devolvido para saneamento.

Art. 33. Após a publicação da portaria, será lavrado o termo de compromisso do designado, encerrando-se o procedimento informatizado de designação.

Art. 34. A validade do processo seletivo é de 2 (dois) anos, contados da data da publicação do Edital de Resultado Final que homologou o processo seletivo, prorrogável uma vez e por igual período, podendo ser realizado novo certame, antes de findo o prazo, quando exaurida a relação de aprovados.

Art. 35. O processo seletivo realizado por uma unidade do Cejusc poderá ser aproveitado por outra, respeitada a ordem de classificação, desde que dentro do prazo de validade do processo seletivo.

§ 1º O aproveitamento descrito no caput poderá ser realizado quando existir, no momento da solicitação, saldo de no mínimo 10 (dez) candidatos aprovados no cadastro de reserva.

§ 2º Em caso de saldo inferior a 10 (dez) candidatos aprovados, o aproveitamento dependerá de anuência do Presidente do processo seletivo.

Da Cumulação de Designações

Art. 36. As designações de Conciliador do Cejusc, de Conciliador do Juizado Especial e de Juiz Leigo podem ser exercidas de forma voluntária e remunerada, sendo possível a cumulação de designações para as funções de Conciliador do Cejusc, de Conciliador do Juizado e de Juiz Leigo, desde que apenas uma delas seja exercida de forma remunerada.

Da Permuta e da Remoção

Art. 37. Os Conciliadores remunerados, regularmente designados, poderão, para o exercício da mesma função, permutarem-se entre as unidades do Cejusc, ou removerem-se para aquelas em que haja vaga.

Art. 38. São requisitos para a permuta de Conciliador remunerado:

a) manifestação expressa dos Conciliadores interessados na permuta;

b) anuência dos Juízes Coordenadores dos CEJUSCs envolvidos na permuta.

Parágrafo único. Os pedidos de permuta, devidamente instruídos, serão encaminhados a um dos CEJUSCs envolvidos, cabendo ao Juiz Coordenador dessa unidade a verificação, digitalização e inserção dos documentos no Sistema Informatizado, com posterior encaminhamento ao Presidente do Nupemec.

Art. 39. São requisitos para a remoção de Conciliador remunerado:

a) oferta de vaga a ser provida por remoção, mediante publicação do Edital de Remoção;

b) anuência dos Juízes Coordenadores dos CEJUSCs envolvidos no processo de remoção;

c) requerimento do Conciliador solicitando a remoção.

§ 1º O processo seletivo de remoção será instaurado por portaria.

§ 2º O Edital de oferecimento de vagas destinadas à remoção deverá observar necessariamente o modelo padrão elaborado pelo Nupemec, não havendo possibilidade de nenhuma inovação, e será divulgado pelo prazo de 5 (cinco) dias úteis no sítio eletrônico do TJPR e na sede do Fórum, nele devendo constar:

I – os documentos exigidos dos candidatos à remoção;

II – o número de vagas oferecidas;

III – o local, o horário e o período de inscrições.

§ 2º Os pedidos de remoção, devidamente instruídos, serão encaminhados ao Juiz Coordenador do Cejusc responsável pelo Edital, para verificação, digitalização e inserção dos documentos no Sistema Informatizado, com posterior encaminhamento ao Presidente do Nupemec, a quem competirá a análise dos requisitos e a formalização do ato de remoção.

§ 3º As vagas ofertadas serão preenchidas por ordem de antiguidade do candidato no exercício da função.

Da Recondução e da Revogação da Designação

Art. 40. Os Conciliadores serão designados pelo Presidente do Nupemec para exercerem suas funções pelo prazo de 4 (quatro) anos, permitida a recondução.

§ 1º Fica automaticamente reconduzido o Conciliador se, dentro de 30 (trinta) dias do vencimento do prazo mencionado no caput, não for publicado o ato de revogação, dispensada a renovação dos documentos já apresentados por ocasião da designação originária.

§ 2º Ao Conciliador remunerado é permitida apenas uma recondução, por igual período.

Art. 41. A revogação da portaria de designação dos Conciliadores será efetuada:

I – a pedido do designado;

II – a pedido do Juiz Coordenador do Cejusc, independentemente de motivação;

III – por determinação do Presidente do Nupemec, independentemente de motivação;

IV – como sanção decorrente da violação dos deveres previstos nesta Resolução.

§ 1º O pedido de revogação, quando realizado pelo designado, deverá ser apresentado ao Juiz Coordenador da unidade a que está vinculado, o qual o encaminhará ao Presidente do Nupemec para formalização do ato.

§ 2º A revogação da designação dos Conciliadores será processada exclusivamente por Sistema Informatizado, com publicação no Diário da Justiça Eletrônico.

Do Número de Conciliadores Remunerados

Art. 42. A quantidade de Conciliadores remunerados ficará a critério do Juiz Coordenador de cada Cejusc, limitado o pagamento ao número de atos dispostos no Anexo III (Limite Máximo Mensal de Atos Remunerados) desta Resolução.

Art. 43. Os serviços prestados serão pagos a partir da publicação da portaria de designação do Conciliador no Diário da Justiça Eletrônico, vedado, em qualquer caso, o pagamento retroativo.

§ 1º Somente a partir da publicação da portaria de designação do Conciliador, nos termos desta Resolução, no Diário da Justiça Eletrônico, serão pagos os serviços prestados, vedado, em qualquer caso, o pagamento retroativo (art. 62, § 2º, do CODJ).

§ 2º Em caso de afastamento temporário, por qualquer motivo, do Conciliador, ser-lhe-ão atribuídos os valores dos serviços efetivamente prestados.

Da Remuneração

Art. 44. A remuneração dos Conciliadores será proporcional ao número de atos realizados, observando-se os limites estabelecidos no Anexo III (Limite Máximo Mensal de Atos Remunerados) desta Resolução.

§ 1º O número máximo de atos remunerados fixado para cada unidade do Cejusc está contido no Anexo III (Limite Máximo Mensal de Atos Remunerados) desta Resolução.

§ 2º O Presidente do Tribunal de Justiça, mediante solicitação do Nupemec, poderá, havendo disponibilidade orçamentária, ampliar o número de atos remunerados por unidade de Cejusc, conforme a necessidade dos serviços judiciários.

§ 3º A remuneração mensal do Conciliador não poderá ultrapassar o vencimento-base previsto para o cargo de Técnico Judiciário do primeiro grau de jurisdição, nível 1 (um).

§ 4º Os limites, geral e pessoal, estabelecidos nesta Resolução são meramente remuneratórios e não podem ser invocados como motivo para a não distribuição ou não realização de atos.

§ 5º Em nenhuma hipótese, a gratificação pela prestação de serviços pelos Conciliadores poderá ultrapassar as bases e limites fixados nesta Resolução, vedada a cumulação de valores pelo exercício de mais de uma designação.

Art. 45. Os valores referentes à prestação de serviços sem vínculo empregatício, para os Conciliadores dos CEJUSCs, serão calculados da seguinte forma:

I – o Conciliador receberá por ato realizado, sem prejuízo de proporcional redução quando atingido o limite estabelecido no art. 44;

II – consideram-se atos do Conciliador as audiências de conciliação realizadas, quando devidamente instaladas;

III – o valor dos atos remunerados está estabelecido no Anexo IV (Valor de Ato Remunerado) desta Resolução.

Parágrafo único. Se a audiência de conciliação for fracionada em várias sessões, devido à complexidade da causa, poderá ser atribuído ao Conciliador, no máximo, o valor referente a 5 (cinco) atos, desde que respeitado o prazo de 2 (dois) meses entre a primeira e a última audiência, conforme dispõe o art. 334, § 2º, do CPC.

Art. 46. O Conciliador remunerado fará jus à remuneração pelos atos praticados até a data da publicação da portaria de revogação da designação.

Art. 47. O valor do ato remunerado dos Conciliadores poderá ser reajustado anualmente, aplicando-se os mesmos índices da reposição das perdas inflacionárias concedidos aos servidores do Tribunal de Justiça, sem efeito retroativo, mediante proposição do Nupemec ao Presidente do TJPR.

Do Pagamento

Art. 48. O pagamento da remuneração será creditado pelo Departamento Econômico e Financeiro, na conta-corrente indicada pelo beneficiário, no mês subsequente ao da prestação do serviço.

Art. 49. Os Conciliadores remunerados, quando no exercício de suas funções, deverão preencher relatório informatizado, que será disponibilizado, no sítio eletrônico do TJPR, no prazo máximo de 180 (cento e oitenta) dias.

§ 1º O relatório, disponível na intranet do TJPR, deve ser preenchido com todas as informações, o qual servirá de base para o preenchimento da folha de frequência.

§ 2º O relatório deve ser preenchido mensalmente, até o último dia do mês.

§ 3º O relatório é imprescindível e obrigatório para fins estatísticos, conforme prevê o art. 167, § 4º, do Código de Processo Civil (CPC).

Art. 50. A folha de frequência mensal informatizada dos Conciliadores remunerados será preenchida pelo servidor responsável, e validada pelo Juiz Coordenador respectivo até o 5º (quinto) dia útil do mês subsequente, impreterivelmente, data em que o seu preenchimento será bloqueado pelo Sistema.

Parágrafo único. Na folha de frequência informatizada dos Conciliadores deverão constar:

I – o número de audiências/atos realizados;

II – o número de audiências/atos que serão remunerados, observados os limites estabelecidos nesta Resolução; e

III – o número de horas trabalhadas em atendimento ao disposto ao art. 59, inciso IV, da Resolução n. 75/2009 do Conselho Nacional Justiça.

Da Capacitação Continuada

Art. 51. Para exercer a função, obriga-se o Conciliador a participar de cursos de atualização, capacitação, treinamento e aperfeiçoamento, na forma da Resolução n. 03/2018 do Nupemec.

§ 1º A participação em escala regular semanal de mediação e/ou conciliação nas unidades do TJPR garantirá a formação continuada.

§ 2º O Nupemec poderá exigir que o Conciliador se submeta a avaliações e revalidações, se necessário.

Da Identificação dos Conciliadores

Art. 52. O Conciliador, voluntário ou remunerado, deverá usar crachá de identificação, a ser fornecido pelo TJPR, para utilização somente nas dependências do Fórum ou no Cejusc em que o Conciliador exerce suas funções.

Dos Deveres

Art. 53. São deveres do Conciliador:

I – assegurar às partes igualdade de tratamento;

II – não atuar em causa em que tenha algum motivo de impedimento ou suspeição;

III – manter rígido controle dos autos de processo em seu poder;

IV – encaminhar à Secretaria, imediatamente após as sessões de audiência, as propostas de acordo, que serão homologadas pelo Magistrado competente;

V – comparecer pontualmente no horário de início das sessões de conciliação processual e pré-processual e não se ausentar injustificadamente antes de seu término nos dias em que se comprometeu com o Cejusc;

VI – ser assíduo e disciplinado;

VII – tratar com urbanidade, cordialidade e respeito magistrados, partes, membros do Ministério Público, advogados, testemunhas, funcionários e auxiliares da Justiça;

VIII – exercer sua função com lisura;

IX – portar, de forma visível, o crachá de identificação;

X – zelar pela consistência de seus dados cadastrais.

§ 1º O Conciliador não poderá exercer a advocacia no Cejusc em que desempenha suas funções, na forma do art. 167, § 5º, do CPC;

§ 2º O Conciliador ficará impedido, pelo prazo de um ano, contado da data do término da última audiência em que atuou, de assessorar, representar ou patrocinar qualquer uma das partes, nos termos do art. 172 do CPC;

§ 3º Aplicam-se aos Conciliadores os motivos de impedimento e suspeição previstos nos arts. 144 e 145 do CPC.

§ 4º As alterações dos dados cadastrais do Conciliador deverão ser realizadas pelo interessado nos Sistemas Informatizados (Hércules e Cadastro de Auxiliares da Justiça – CAJU), anexando os respectivos comprovantes.

Art. 54. O Conciliador deverá observar os seguintes princípios:

I – Confidencialidade – manter sigilo sobre todas as informações obtidas na sessão, salvo autorização expressa das partes, violação à ordem pública ou às leis vigentes, não podendo ser testemunha do caso, nem atuar como advogado envolvido, em nenhuma hipótese.

II – Decisão informada – manter o jurisdicionado plenamente informado quanto aos seus direitos e ao contexto fático em que está inserido.

III – Competência – possuir qualificação que o habilite à atuação judicial, com capacitação na forma estabelecida na Resolução n. 125/2010 do CNJ, observada a reciclagem periódica obrigatória para a formação continuada.

IV – Imparcialidade – agir com ausência de favoritismo, preferência ou preconceito, assegurando que valores e conceitos pessoais não interfiram no resultado do trabalho, compreendendo a realidade dos envolvidos no conflito e jamais aceitando qualquer espécie de favor ou presente.

V – Independência e autonomia – atuar com liberdade, sem sofrer qualquer pressão interna ou externa, sendo-lhe permitido recusar, suspender ou interromper a sessão se ausentes as condições necessárias para seu bom desenvolvimento, bem como se negar a redigir acordo ilegal ou inexequível.

VI – Respeito à ordem pública e às leis vigentes – velar para que eventual acordo entre os envolvidos não viole a ordem pública, nem contrarie as leis vigentes.

VII – Empoderamento – estimular os interessados a aprenderem a melhor resolverem seus conflitos futuros em razão da experiência de justiça vivenciada na autocomposição.

VI – Validação – estimular os interessados a perceberem-se reciprocamente como seres humanos merecedores de atenção e respeito.

Da Gestão, da Avaliação e da Fiscalização dos Trabalhos

Art. 55. Ao servidor efetivo e indicado pelo Juiz Coordenador incumbe o dever de fiscalizar e coordenar o trabalho dos Conciliadores, estando presente na unidade do Cejusc durante a realização das audiências.

Art. 56. Os Conciliadores ficam subordinados às orientações do Juiz Coordenador do Cejusc para os quais foram designados.

Art. 57. Serão aplicadas ao Conciliador designado as disposições previstas no Código de Normas da Corregedoria-Geral da Justiça para os Auxiliares da Justiça, na apuração e aplicação de sanções, em caso de descumprimento dos deveres dispostos nesta Resolução e nas normativas vigentes.

Art. 58. O descumprimento das normas contidas nesta Resolução poderá resultar na revogação da designação do Conciliador, voluntário ou remunerado, que, neste caso, ficará impedido de atuar como Conciliador ou Mediador em qualquer outra unidade do Cejusc ou dos Juizados Especiais, na forma do art. 173 do Código de Processo Civil e do art. 8º do Código de Ética de Conciliadores e Mediadores (Resolução n. 125/2010 do CNJ, Anexo III).

Parágrafo único. Não obstante o disposto no caput, o Conciliador poderá ser suspenso ou afastado de suas funções ad nutum.

Art. 59. As penalidades aplicadas ao Conciliador serão anotadas no Sistema Informatizado.

Art. 60. Cada unidade do Cejusc manterá sistema de avaliação de desempenho do Conciliador, aferindo também a satisfação do usuário do Sistema, com a finalidade de verificar o bom funcionamento e estimular a melhoria contínua dos serviços prestados pelos CEJUSCs.

Das Disposições Gerais e Transitórias

Art. 61. O registro atualizado das designações e revogações será mantido no Sistema Informatizado.

Art. 62. As atividades desenvolvidas pelo Conciliador, desde que bacharel em Direito, poderão ser computados como prática jurídica, conforme as regras estabelecidas no Edital do certame a que vier a se submeter e no qual se pretende utilizar o cômputo de prática jurídica.

Art. 63. A regulamentação do exercício das funções, do recrutamento, da designação e do desligamento dos facilitadores em justiça restaurativa se fará em Resolução própria.

Art. 64. Os prazos dispostos nesta Resolução serão contados em dias úteis.

Art. 65. Aplicam-se subsidiariamente as disposições contidas no CPC.

Art. 66. Os casos omissos serão resolvidos pelo Nupemec.

Art. 67. Esta Resolução entra em vigor na data de sua publicação, revogada a Resolução n. 002/2017 do Nupemec.

Curitiba, 26 de outubro de 2020.

Des. ADALBERTO JORGE XISTO PEREIRA
Presidente do Tribunal de Justiça do Estado do Paraná

referências

ARBITAC – Câmara de Mediação e Arbitragem da Associação Comercial do Paraná. **Modelos de cláusulas**. Disponível em: <https://arbitac.com.br/modelos-de-clausula-arbitral/>. Acesso em: 13 abr. 2023.

AZEVEDO, A. G. de (Org.). **Manual de mediação judicial**: de acordo com a Lei 13.140/15 (Novo Código de Processo Civil) e a Emenda 2 da Resolução 125/10. 6. ed. Brasília: CNJ, 2016. Disponível em: <https://www.cnj.jus.br/wp-content/uploads/2015/06/f247f5ce60df2774c59d6e2dddbfec54.pdf>. Acesso em: 11 abr. 2023.

BRASIL. Constituição (1988). **Diário Oficial da União**, Brasília, DF, 5 out. 1988. Disponível em: <http://www.planalto.gov.br/ccivil_03/Constituicao/Constituicao.htm>. Acesso em: 12 abr. 2023.

BRASIL. Decreto-Lei n. 3.688, de 3 de outubro de 1941. **Diário Oficial da União**, Poder Executivo, Brasília, DF, 13 out. 1941. Disponível em: <https://www.planalto.gov.br/ccivil_03/decreto-lei/del3688.htm>. Acesso em: 12 abr. 2023.

BRASIL. Lei n. 8.078, de 11 de setembro de 1990. **Diário Oficial da União**, Poder Legislativo, Brasília, DF, 12 set. 1990. Disponível em: <http://www.planalto.gov.br/ccivil_03/leis/l8078.htm>. Acesso em: 12 abr. 2023.

BRASIL. Lei n. 8.906, de 4 de julho de 1994. **Diário Oficial da União**, Poder Legislativo, Brasília, DF, 5 jul. 1994. Disponível em: <http://www.planalto.gov.br/ccivil_03/Leis/L8906.htm>. Acesso em: 11 abr. 2023.

BRASIL. Lei n. 9.099, de 26 de setembro de 1995. **Diário Oficial da União**, Poder Legislativo, Brasília, DF, 27 set. 1995. Disponível em: <http://www.planalto.gov.br/ccivil_03/LEIS/L9099.htm>. Acesso em: 12 abr. 2023.

BRASIL. Lei n. 13.105, de 16 de março de 2015. **Diário Oficial da União**, Poder Legislativo, Brasília, DF, 17 mar. 2015a. Disponível em: <http://www.planalto.gov.br/ccivil_03/_Ato2015-2018/2015/Lei/L13105.htm>. Acesso em: 12 abr. 2023.

BRASIL. Lei n. 13.140, de 26 de junho de 2015. **Diário Oficial da União**, Poder Legislativo, Brasília, DF, 29 jun. 2015b. Disponível em: <http://www.planalto.gov.br/CCIVIL_03/_Ato2015-2018/2015/Lei/L13140.htm>. Acesso em: 12 abr. 2023.

BRASIL. Ministério da Educação. Conselho Nacional de Educação. Parecer n. 635, de 4 de outubro de 2018. Relator: Antonio de Araujo Freitas Júnior. **Diário Oficial da União**, Brasília, DF, 17 dez. 2018. Disponível em: <http://portal.mec.gov.br/docman/outubro-2018-pdf-1/100131-pces635-18/file>. Acesso em: 12 abr. 2023.

BRASIL. Senado Federal. Proposta de Emenda à Constituição n. 108, de 2015c. Disponível em: <https://www25.senado.leg.br/web/atividade/materias/-/materia/122592>. Acesso em: 12 abr. 2023.

BURGER, W. E. Our Vicious Legal Spiral. **Judges Journal**, v. 16, 1977. Disponível em: <https://heinonline.org/HOL/LandingPage?handle=hein.journals/judgej16&div=75&id=&page=>. Acesso em: 27 abr. 2023.

CAPPELLETTI, M.; GARTH, B. **Acesso à Justiça**. Porto Alegre: Fabris, 1988.

CNJ – Conselho Nacional de Justiça. **Justiça em números 2021**. Brasília, 2021. Disponível em: <https://www.cnj.jus.br/wp-content/uploads/2021/11/relatorio-justica-em-numeros2021-221121.pdf>. Acesso em: 12 abr. 2023.

CNJ – Conselho Nacional de Justiça. **Justiça em números 2022**. Brasília, 2022. Disponível em: <https://www.cnj.jus.br/wp-content/uploads/2022/09/justica-em-numeros-2022-1.pdf>. Acesso em: 12 abr. 2023.

CNJ – Conselho Nacional de Justiça. Resolução n. 125, de 29 de novembro de 2010. **Diário da Justiça Eletrônico**, Brasília, DF, 1º dez. 2010. Disponível em: <https://atos.cnj.jus.br/atos/detalhar/156>. Acesso em: 14 abr. 2023.

CUNHA, L. C. da. **A Fazenda pública em juízo**. 13. ed. Rio de Janeiro: Forense, 2016.

ENFAM – Escola Nacional de Formação e Aperfeiçoamento de Magistrados. **Seminário – O Poder Judiciário e o novo Código de Processo Civil**: enunciados aprovados. 2015. Disponível em: <https://www.enfam.jus.br/wp-content/uploads/2015/09/ENUNCIADOS-VERS%C3%83O-DEFINITIVA-.pdf>. Acesso em: 27 abr. 2023.

FISHER, R.; URY, W.; PATTON, B. **Como chegar ao sim**: como negociar acordos sem fazer concessões. Rio de Janeiro: Sextante, 2018.

GRINOVER, A. P.; SADEK, M. T.; WATANABE, K. **Estudo qualitativo sobre boas práticas em mediação no Brasil**. Brasília: Ministério da Justiça/Secretaria de Reforma do Judiciário, 2014. Disponível em: <http://34.67.55.108/wp-content/uploads/2015/11/Estudo-qualitativo-sobre-boas-praticas-em-mediacao-no-Brasil.pdf>. Acesso em: 27 abr. 2023.

GUILHERME, L. F. do V. de A. **Manual dos MESCs**: meios extrajudiciais de solução de conflitos. Barueri: Manole, 2016.

IBGE – Instituto Brasileiro de Geografia e Estatística. **O que é o PIB**. Disponível em: <https://www.ibge.gov.br/explica/pib.php>. Acesso em: 14 abr. 2023a.

IBGE – Instituto Brasileiro de Geografia e Estatística. **Projeção da população do Brasil e das Unidades da Federação**. Disponível em: <https://www.ibge.gov.br/apps/populacao/projecao/>. Acesso em: 14 abr. 2023b.

LINCOLN, A. **Speeches and Writings**: 1832-1858. 13. ed. New York: The Library of America, 2008.

LOPES, D.; PATRÃO, A. **Lei da Mediação comentada**. Coimbra: Almedina, 2014.

MALUF, C. A. D. **A transação no direito civil e no processo civil**. 2. ed. São Paulo: Saraiva, 1999.

MARTINS, G. F. "Direitos indisponíveis que admitem transação": breves considerações sobre a Lei n. 13.140/2015. **Caderno Virtual do XX Curso de Formação em Teoria Geral do Direito Público**, v. 1, n. 33, 2016. Disponível em: <https://www.portaldeperiodicos.idp.edu.br/cadernovirtual/article/view/1198>. Acesso em: 30 abr. 2023.

MECANISMO. In: **Dicionário Priberam da Língua Portuguesa**. Disponível em: <https://dicionario.priberam.org/mecanismo>. Acesso em: 14 abr. 2023.

MEIO. In: **Dicionário Priberam da Língua Portuguesa**. Disponível em: <https://dicionario.priberam.org/meio>. Acesso em: 14 abr. 2023.

MÉTODO. In: **Dicionário Priberam da Língua Portuguesa**. Disponível em: <https://dicionario.priberam.org/m%C3%A9todo>. Acesso em: 14 abr. 2023.

MOURÃO, A. N. (Coord.). **Resolução de conflitos**: fundamentos da negociação para o ambiente jurídico. São Paulo: Saraiva, 2014. (Série GVLaw).

OAB – Ordem dos Advogados do Brasil. **Código de Ética e Disciplina da OAB**. 2015. Disponível em: <https://www.oab.org.br/content/pdf/legislacaooab/codigodeetica.pdf>. Acesso em: 13 abr. 2023.

ORWELL, G. **Politics and the English Language**. London: Horizon, 1946. Disponível em: <https://www.orwellfoundation.com/the-orwell-foundation/orwell/essays-and-other-works/politics-and-the-english-language/>. Acesso em: 14 abr. 2023.

PIMENTEL, S. Gênero e direito. In: CAMPILONGO, C. F.; GONZAGA, A. de A.; FREIRE, A. L. (Coord.). **Enciclopédia jurídica da PUC-SP**. São Paulo: PUC-SP, 2017. Tomo: Teoria Geral e Filosofia do Direito. Disponível em: <https://enciclopediajuridica.pucsp.br/verbete/122/edicao-1/genero-e-direito>. Acesso em: 27 abr. 2023.

RAS, P. **Caderno de exercícios para gestão de conflitos**. Petrópolis: Vozes, 2017.

ROSENBERG, M. B. **Comunicação não violenta**: técnicas para aprimorar relacionamentos pessoais e profissionais. São Paulo: Ágora, 2006. [e-book]

THALER, R.; SUNSTEIN, C. R. **Nudge**: como tomar melhores decisões sobre saúde, dinheiro e felicidade. Rio de Janeiro: Objetiva, 2019.

TJPR – Tribunal de Justiça do Estado do Paraná. Resolução n. 275-OE, de 26 de outubro de 2020. **Diário da Justiça**, 25 jan. 2021. Disponível em: <https://www.tjpr.jus.br/legislacao-atos-normativos/-/atos/documento/4618541>. Acesso em: 27 abr. 2023.

TRAUM, L.; FARKAS, B. The History and Legacy of the Pound Conferences. **Cardozo Journal of Conflict Resolution**, v. 18, n. 67, 2017, p. 677-698. Disponível em: <https://papers.ssrn.com/sol3/papers.cfm?abstract_id=2968653>. Acesso em: 27 abr. 2023.

VOSS, C.; RAZ, T. **Negocie como se sua vida dependesse disso**: um ex-agente do FBI revela as técnicas da agência para convencer as pessoas. Rio de Janeiro: Sextante, 2019.

WARAT, L. A. **O ofício do mediador**. Florianópolis: Habitus, 2001.

WATANABE, K. Cultura da sentença e cultura da pacificação. In: YARSHELL, F. L.; MORAES, M. Z. de (Org.). **Estudos em homenagem à Professora Ada Pelegrini Grinover**. São Paulo: DPJ, 2005. p. 684-690.

Capítulo 1

Questões para revisão

1. d
2. e
3. d
4. c
5. a

Capítulo 2

Questões para revisão

1. c
2. b
3. d
4. a
5. d
6. c
7. e

Capítulo 3

Questões para revisão

1. b
2. c

3. a

4. d

5. c

6. b

7. e

Capítulo 4

Questões para revisão

1. b

2. e

3. a

4. c

5. d

Capítulo 5

Questões para revisão

1. c

2. e

3. a

4. b

5. d

Capítulo 6

Questões para revisão

1. b

2. d

3. c

4. a

5. e

Thiago Linguanotto Silveira é advogado com bacharelado em Direito (2017) pela Universidade Federal do Paraná (UFPR) e especialização em Direito Processual Civil (2019) pelo Instituto de Direito Romeu Felipe Bacellar. Tem certificação de mediador e conciliador judicial (2016) pelo Conselho Nacional de Justiça (CNJ). É também bacharel em Comunicação Social com habilitação em Jornalismo (2006) pela Faculdade Cásper Líbero. Atualmente, advoga nas áreas de consultoria e procedimentos extrajudiciais.

Os papéis utilizados neste livro, certificados por
instituições ambientais competentes, são recicláveis,
provenientes de fontes renováveis e, portanto, um meio
responsável e natural de informação e conhecimento.

Impressão: Reproset